Buch

Dieses Buch möchte beschreiben, warum viele Schüler die Schule heute als langweilig erleben und erläutert mithilfe von Erkenntnissen aus Psychologie, Neurobiologie und Erziehungswissenschaften, wie man Schule interessanter und lebensnäher gestalten könnte. Ein Anreiz zu einer neuen Art zu lehren und zu lernen.

Autor

Simon Clemens hat im Jahr 2015 sein Abitur gemacht. Als Elftklässler begann er, dieses Buch zu schreiben. Heute studiert er Philosophie-Neurowissenschaften-Kognition an der Otto-von-Guericke-Universität in Magdeburg.

13 Jahre Schule
statt Bildung

Bibliografische Informationen der Deutschen Nationalbibliothek:
Die Deutsche Nationalbibliothek verzeichnet diese Publikation
in der Deutschen Nationalbibliografie, detaillierte bibliografische
Daten sind im Internet über dnb.dnb.de abrufbar.

TWENTYSIX – Der Self-Publishing-Verlag
Eine Kooperation zwischen der Verlagsgruppe Random House
und BoD – Books on Demand
© 2017 Simon Clemens

Herstellung und Verlag:
BoD – Books on Demand, Norderstedt
ISBN: 9783740735197

Für alle, die das Schnippen von Papierkugeln spannender finden als das was der Lehrer erzählt.

Inhalt

1. Warum das Ganze? 9
2. Eine Schulstunde 12
3. Schule im Boxring der Öffentlichkeit 18
4. Schule als Ort des Lernens 22
5. Der Baum des Lernens – eine Bildung der Persönlichkeit 25
6. Der Bonsai des Lernens – eine Bildung des Wissens 44
7. Baum oder Bonsai 49
8. Das Dilemma der Schule 54
9. Der Beipackzettel des Schulsystems 62
   - 9.1 Anpassung 64
   - 9.2 Inhaltslosigkeit 69
   - 9.3 Verlust der Neugier 72
   - 9.4 Überbewertung 77
   - 9.5 Demütigung 81
   - 9.6 Orientierungslosigkeit 84
   - 9.7 Masse statt Klasse 88
   - 9.8 Verschlimmbesserungen 92
   - 9.9 Gute und schlechte Schüler 101
   - 9.10 Missachtung der Lehrer 104
10. Beipackzettel in Kürze 110
11. Schule als Produkt der Gesellschaft 112
12. Schule als Produkt ihrer Schüler 121
13. Darum das Ganze! 136

Dank 138
Anmerkungen 139

Kapitel 1
Warum das Ganze?

Bis zur mittleren Reife verbringen wir über 15.000 Stunden im Klassenraum. Bis zum Abi 17.000. Die Schule bestimmt sicherlich einen wichtigen Teil unser aller Leben. Und wenn sie es nicht mehr tut, hat sie es getan – zwischen neun und dreizehn Jahren, von Montag bis Freitag.

Ich selbst bin gerade etwa bei Stunde 16.555 – also kurz vor dem Ende meines Schülerdaseins. Und ich kann´s ja direkt vorwegnehmen: Als ich damals eingeschult wurde, habe ich mir mehr erhofft! Die Schule versteht sich als ein Ort der Bildung – das wurde mir in den letzten Jahren zur Genüge versichert. Ich erlebte sie indessen als einen Ort langer Weile und müder Verzweiflung. Daher glaube ich ihr nicht, was sie vorgibt zu sein.

Meine Skepsis begann, als ich vierzehn wurde. Ich entwickelte erstmals ein Bewusstsein für mein schlechtes Zeugnis, verabscheute einen Großteil meiner Lehrer, und es war fraglich, ob ich überhaupt einen Schulabschluss schaffen würde. Damals hasste ich die Schule – wäre sie ein Mensch gewesen, hätte ich sie so lange verprügeln wollen, bis sie nichts mehr von mir hätte fordern können. Ich kann mich noch lebhaft daran erinnern, wie es sich anfühlt, am eigenen Schulalltag zu verzweifeln. Nachdem ich mich über den Hauptschulabschluss bis zur mittleren Reife geschleppt hatte, wollte ich nichts mehr mit Bildung zu tun haben, und ich verbrachte zwei Jahre im Ausland.

Als ich Kanada und Neuseeland erkundet hatte, wurde mir jedoch klar, dass meine Pläne für die Zukunft ein Abitur einforderten und ich wagte einen Neuanfang. Ich begab mich erneut an den Ort, der für mich so viel Wut und Demütigung bedeutet hatte.

Heute, fast drei Jahre später, bin ich „Klassenbester" und werde in einigen Wochen Abitur machen. Man könnte sagen, ich habe mich während der Oberstufe von einem schlechten zu einem guten Schüler entwickelt. Jedoch hat sich mein Gefühl, dass Schule und ich nicht zusammenpassen, seit der siebten Klasse kaum verändert. Lediglich mein Umgang mit dem Unterrichtsalltag ist anders: Früher ging ich immer davon aus, dass mir die Schule etwas Böses wollte. Ich dachte, dass sie mir das Leben mit Absicht schwer machte – also fühlte ich mich von ihr angegriffen. Entsprechend gekränkt und trotzig waren auch meine Reaktionen gewesen. Mittlerweile glaube ich, dass mir die Schule als Institution völlig gleichgültig gegenübertritt. Es ist ihr egal, wie es mir geht oder ob nun ausgerechnet ich ein guter oder schlechter Schüler bin. Ja es ist ihr letztlich egal, ob ich überhaupt da bin. Statt mich angegriffen zu fühlen, passte ich mich den Spielregeln an. Langweiligen Unterricht fasste ich nicht mehr als persönliche Beleidigung auf, sondern als notwendiges Übel auf dem Weg zum Abitur. An Stelle von Wut und Hass trat vielmehr der Wille zu verstehen.

So begann ich ab der 11. Klasse aufzuschreiben, wie ich Schule erlebe, um herauszufinden, welche Strukturen hinter meinen täglichen Erfahrungen stehen. Aus dem Geschriebenen ist über die letzten drei Jahre dieses Buch entstanden. Wäre die Schule heute ein Mensch, würde ich sie nicht mehr verprügeln, sondern ihr erklären wollen, wieso ich so unzufrieden mit ihr bin. Diesen Versuch möchte ich hiermit unternehmen.

Dabei fanden die folgenden Seiten ihre Motivation während unzähliger Unterrichtsblöcke, die ich im stillen Streit mit einem lahmenden Minutenzeiger verbracht habe. Oder anders ausgedrückt: Wenn sich ein Schüler freiwillig hinsetzt und ein Buch über die Schule schreibt, dann muss die Verzweiflung schon sehr groß sein. Denn Bücher rufen in einem Schülerleben doch eher unangenehme Assoziationen hervor.

Bei aller Kritik, sollen die folgenden Seiten sicherlich niemanden angreifen oder beleidigen. Wenn hier von Schule die Rede ist, dann ist kein bestimmter Standort oder ein einzelner Lehrer gemeint, sondern das System in seiner grundlegenden Struktur. Statt zu verurteilen möchte ich dazu einladen, die Menschen in den Mittelpunkt zu stellen, um die es letztlich geht. Denn nur aus der Schülerperspektive lassen sich die bestehenden Probleme des Schulsystems wirklich verstehen! Und für alle, die Teil dieses Systems sind, ist dieses Buch gedacht: für die Eltern, welche die Bedürfnisse ihrer Kinder nicht mit den Anforderungen des Lehrplans vereinbaren können, für die Lehrer, die täglich die Animateure für einen langweiligen Unterricht sein sollen und für die Schüler, die sich Montagmorgens lustlos Richtung Schule schleppen.

Und da sind wir auch schon direkt beim Thema. Beginnen wir dort, wo auch dieses Buch seinen Ursprung hatte: im Klassenraum.

Kapitel 2
Eine Schulstunde

Montagmorgens in der 13c: Mit einem strammen „Guten Morgen!" schreitet Herr Lehrer in die Klasse. Während er sich hinter seinem Pult einrichtet, berichtet mir Hannes von den Highlights seines Wochenendes, die sich in erster Linie in einer Großraumdisko abgespielt haben. Da die Erfahrungsberichte meines Sitznachbarn meistens einen wunderbaren Unterhaltungswert haben, wird das erwünschte Unterrichtsklima von aufkommender Heiterkeit gestört. Um die aufgekratzte Stimmung in eine bildungsgerechtere Form zu bringen, wirft Herr Lehrer einige Blicke durch die Reihen, die etwa sagen wollen: „So wird das aber nichts mit dem Abitur!" Ganz im Sinne des eingeforderten Benehmens drehe ich meinen Oberkörper nach vorne und mime Aufmerksamkeit. Ich will doch einen guten Abschluss machen.

„Bitte die Hefte vorlegen – Hausaufgabenkontrolle!" Während dieser Aufforderung sehe ich in mehrere überraschte Gesichter, die sich gerade fragen, von welchen Hausaufgaben die Rede ist. Nach der diskreten Erklärung der Sitznachbarn beobachte ich, wie sich die betroffenen Schüler verlegen an den Kopf fassen und die unangenehme Erinnerung wieder ins Bewusstsein gelangt. Mit dem Notenheft bewaffnet geht Herr Lehrer durch die Tischreihen. Ein Häkchen für mich und ein Kreuzchen für Hannes.

Nun beginnt der Unterricht, indem der Lehrer mit uns die Hausaufgaben vergleicht. Das Prinzip hinter diesem Vorgang ließe sich auch als ein lehrergeführter Monolog mit Lücken beschreiben, bei dem unsere Aufgabe darin liegt, die unausgesprochenen Stellen sauber zu schließen. Lehrer nennen das mündliche Mitarbeit.

Da einem guten Schüler die Bedeutsamkeit der mündlichen Note bewusst ist, gebe ich mein Bestes und recke meinen Finger regelmäßig in die Luft, um meinen Notenscore in die Höhe zu schrauben. Das ist jedoch nicht die einzige Möglichkeit, mit einem mündlichen Lückentext umzugehen. Als Herr Lehrer gerade die Essenz der Hausaufgaben herausarbeitet, sehe ich in meinem rechten Augenwinkel, wie Jacqueline mit der Geschwindigkeit einer taiwanesischen Nähmaschine auf ihr iPhone einhackt.

Ohnehin lässt sich sagen, dass nur der kleinere Teil der Klasse geistig am Unterrichtsgeschehen teilnimmt, während sich der Rest auf einen Kampf eingelassen hat, bei dem der Feind die Zeit und das Unterrichtsende das ersehnte Ziel ist. Ganz im Sinne dieses zermürbenden Gefechts gibt es neben dem Smartphone noch andere Waffen, mit denen sich die Zeit totschlagen lässt. Der Klassiker ist wahrscheinlich das pseudointeressierte Anstarren des Lehrers, während man einen geistigen Ausflug in die Traumwelt unternimmt. Beliebt ist auch der gedämpfte Austausch mit dem Sitznachbarn. Allerdings ist das Risiko, dass der Lehrer das „Getuschel" bemerkt und anschließend unerwünschte Schritte einleitet, unangenehm hoch. Einen Vorteil haben jene Mitschüler, die sich für das Zeichnen begeistern. Sie können meist ungestört ihrem Hobby nachgehen, ohne dass es der Lehrer bemerkt. Ich bin immer wieder beeindruckt, welch komplexe Zeichnungen Svea und Robert innerhalb einer Schulstunde auf ihren Collegeblöcken zustande bringen. Mich beschleicht das Gefühl, dass ganze Fantasywelten vorzugsweise zwischen acht und fünfzehn Uhr realisiert werden.

Zurück zum Lehrer: „Wenn ihr keine weiteren Fragen habt, gehe ich davon aus, dass die Hausaufgaben soweit geklärt und verstanden sind!?" Keine Reaktion. Diese optimistische Interpretation unbeteiligter Gesichter kann er unmöglich ernst meinen. Vielmehr scheint die vorangegangene Feststellung dem Abschluss einer Schadensversicherung zu gleichen, die den Lehrer nach dem Austeilen der nächsten Klausur schützen soll.

Ich schaue auf die Uhr meines Handys. Noch 54 Minuten bis zum Ende der Doppelstunde. Herr Lehrer verteilt nun Arbeitsblätter. Das Papier vor mir ist doppelseitig bedruckt und beinhaltet einen Text, an dessen Ende folgende Aufgaben stehen:

1. Klären Sie unbekannte Begriffe und markieren Sie die Schlagwörter.
2. Arbeiten Sie stichpunktartig die Hauptaussagen des Textes heraus.
3. Kategorisieren Sie die Aussagen des Textes in Vor- und Nachteile.

Ich denke darüber nach, dass diese Aufgaben im Grunde eine präzise Zusammenfassung meiner gesamten Unterrichtsaktivität darstellen: Nachvollziehen, Reproduzieren und Sortieren …

Es ist keine Zeit für ablenkende Gedanken. Denn Herr Lehrer legt umgehend die Spielregeln der restlichen Stunde fest: „Lesen Sie den Text und bearbeiten Sie anschließend die Aufgaben eins bis drei. Sie haben eine halbe Stunde! In der Zwischenzeit muss ich kurz weg, um Ihnen die Hausaufgaben zu nächster Woche zu kopieren."

Sobald die Tür ins Schloss fällt, gleicht der Klassenraum einem Vakuumtank, dessen diktierter Unterdruck endlich einen Ausgleich im Ventil eines hohen Geräuschpegels zu finden scheint. Lara beginnt, Sophie umgehend die optischen Vorteile ihrer neuen Bluse zu erklären. Jacqueline, die sich vom Display ihres iPhones gelöst hat, probiert Jannis und Mareike davon zu überzeugen, dass das neue Macklemore-Album viel zu mainstream sei, und Hannes demonstriert Hakan und mir, wie man 120 Kilo auf der Hantelbank drückt. Die Schüler, die sich der vorgegebenen Aufgabe zuwenden, erscheinen indessen wie Fremdkörper in einer Gruppe, die sich gerade zum wöchentlichen Stammtisch eingefunden zu haben scheint.

Der unverhoffte Freiheitsgenuss endet abrupt, als sich die Tür des Klassenzimmers erneut öffnet und ein verärgerter Herr Lehrer im Türrahmen steht. Anschließend bricht eine Welle der Entrüstung über uns herein, die aus den Schlagworten „negative Arbeitseinstellung", „fehlende Eigenverantwortung", „düstere Zukunftsaussichten" und „Abitur" besteht.

Nachdem der größte Ärger verflogen ist, fragt Herr Lehrer ein wenig sanfter, was denn in letzter Zeit mit uns los sei und wie es in der Oberstufe zu solch „unreifem" Verhalten kommen könne. Während ich mich noch wundere, was für den Lehrer an der vorgefundenen Situation so neu ist, scheint Isabel eine Antwort auf unsere mutmaßliche Verhaltensänderung zu haben. Bestärkt durch unseren prallen Klausurkalender erklärt sie, dass die Konzentration wegen des hohen Lernaufwands schwinde und dadurch weniger Energie für den täglichen Unterricht übrig sei. Herr Lehrer entkräftet jedoch den vorgebrachten Erklärungsversuch umgehend, indem er beschreibt, wie viel "härter" Bildung noch gehen könne. Zielstrebig bringt ihn dieser Gedanke zu seiner eigenen Studienzeit und einer detailreichen Beschreibung von Wochen voller Arbeit, in denen er sämtliche menschlichen

Bedürfnisse abgelegt und nichts anderes gemacht habe außer aufzuwachen, zu lernen und wieder einzuschlafen. Jawoll, denke ich. Es kann immer noch schlimmer kommen. Das wurde mir im Krankenhaus letztens auch gesagt.

Nachdem Herr Lehrer sein „Das Leben ist hart"-Argument beendet hat, erinnert er uns wieder an unseren Arbeitsauftrag. Nach zehn Minuten ist mein Zettel mit den leuchtenden Linien meines Textmarkers geschmückt, und ich versuche, die Hauptaussagen des Textes zusammenzufassen. Dagegen wehrt sich jedoch entschieden eine innere Stimme, die mir unmissverständlich meldet, dass die Aufgabenstellung total langweilig ist. Das merke ich einerseits daran, dass ich Zeile sechsundvierzig gerade zum vierten Mal gelesen habe und andererseits an einer Hyperaktivität meines Fußes, der mit einer ähnlichen Frequenz auf und ab wippt, als würde ich die Bassdrum einer skandinavischen Metal-Band spielen. Als guter Schüler weiß man jedoch sein Interesse auszublenden, und nach weiteren zwanzig Minuten stehen immerhin einige Stichpunkte auf meinem Zettel.

Nun kündigt Herr Lehrer das gemeinsame Vergleichen unserer Ergebnisse an. Da die Digitalisierung auch die Schulen beherrscht, hat die Elektronik die alten Kreidetafeln aus unseren Klassenräumen verdrängt und Herr Lehrer schaltet das „Interactive Class" Smartboard ein. Die Interaktivität ist anfangs jedoch stark auf den Lehrer und das Smartboard beschränkt, da sich der Wille von Gerät und Lehrer nicht miteinander vereinbaren lassen. Gerade als ich mich erneut zu verselbständigen drohe, hat Herr Lehrer die technischen Probleme gelöst und unsere Aufmerksamkeit wieder nach vorne gelenkt. Von den Linien des Textmarkers unterstützt, beteilige ich mich am Sammeln der Antworten, wobei

Herr Lehrer unsere vorgetragenen Ergebnisse in Stichpunkte filtert und an das Smartboard schreibt.

„Ist das Tafelbild klausurrelevant?" fragt Svea plötzlich aus der letzten Reihe. Mit einem Mal scheint die volle Aufmerksamkeit der Klasse auf den Lehrer gerichtet. Nach einem vielsagenden Nicken nehmen alle Papier und Stift in die Hand, um die Stichpunkte von der Tafel abzuschreiben. Auch ich spüre den Druck der vorgeschriebenen Vollständigkeit und ergänze meine Aufzeichnungen.

Auch wenn der zeitliche Fortschritt der Doppelstunde nur mit mühsamen Schritten vorangegangen ist und meine Muskelaktivität im Fuß vermutlich schon eine psychopathologische Diagnose erlaubt, kündigt die Schulklingel das Ende des Unterrichts an. Als wäre ein Schalter von halbtot nach hyperaktiv umgelegt worden, macht sich eine Aufbruchsstimmung breit, die vor einer Minute noch schwer vorstellbar gewesen wäre. Während Hefte und Stifte in beachtlicher Geschwindigkeit in die Schultaschen verfrachtet werden, verschafft sich Herr Lehrer ein letztes Mal Gehör, um die kopierten Hausaufgaben auszuteilen. Ich nehme mir schnell einen Zettel und verlasse den Klassenraum.

Der Kampf gegen die Zeit ist gewonnen. Zumindest bis zum Ende der Pause.

Kapitel 3
Schule im Boxring der Öffentlichkeit

Auch wenn sich mein Unterrichtsalltag dummerweise in den beschriebenen Erfahrungen wiederfindet, sind diese natürlich von meiner persönlichen Wahrnehmung gefärbt. Vielleicht geht Peter aus der Parallelklasse ja gern in die Schule und kann es morgens kaum erwarten mit dem Unterricht zu beginnen.

Will man Aussagen über ein System treffen, die über die Beschränktheit der eigenen Erfahrungen hinausreichen, kann es nicht schaden, einen Blick auf die öffentliche Berichterstattung zu werfen. Es wird schnell erkennbar, dass das Bildungssystem dort einen wichtigen Platz einnimmt. Egal ob in den Schlagzeilen der Schlagzeilenzeitungen, im wöchentlichen Feuilleton oder in den abendlichen Talkshows im Fernsehen – Schule rückt regelmäßig in den Fokus der Öffentlichkeit.

Als Schüler fühle ich mich innerhalb der öffentlichen Debatte allerdings selten ernst genommen. Vielmehr beschleicht mich oftmals das Gefühl, dass die Diskutanten genauso gut über den DAX oder die Wirtschaftsentwicklung in China reden könnten. Um diesen Eindruck zu gewinnen reicht es aus, eine Bildungsdebatte im Bundes- oder Landtag zu verfolgen. Dort gehört es offenbar zum guten Ton, dass sich die Verantwortlichen abwechselnd Prozentzahlen um die Ohren schlagen, um die Meinung des anderen niederzuringen und der attackierte Gegner anschließend entrüstet zurückschlägt.

Auch außerhalb des politischen Tagesgeschäfts ist diese Art der Argumentation beliebt. Überall finden sich Statistiken, mithilfe derer die Schule seziert wird. So tritt dann Bildungsexperte X

mithilfe der neuesten Daten für eine Schulzeit von zwölf statt dreizehn Jahren ein, damit Kultusminister Y anschließend mit anderen Zahlen genau das Gegenteil behauptet. Für derartige Argumentationstechnik stellen Datensätze wie die PISA-Studie Nahrung dar, mit der die Medien dankbar gefüttert werden.

Nun ist natürlich nichts gegen Statistiken und Prozentzahlen einzuwenden. Ganz im Gegenteil. Jedoch führen die Zahlen in den Mündern der Streitenden oftmals ein Eigenleben ohne Anbindung an die Unterrichtsrealität. Dieser Eindruck drängt sich mir zumindest auf, wenn ich den Debatten um „Turboabi", Inklusion, PISA-Studie und Co. folge, und am nächsten Morgen vergeblich versuche, das Diskutierte mit meinem Schulalltag zu verbinden. Zwischen den Problemen im Klassenraum und der öffentlichen Auseinandersetzung zeigt sich eine inhaltliche Kluft, über die man oft eine sehr fantasievolle Brücke bauen muss.

Dies mag daran liegen, dass die Schuldiskussion von unterschiedlichen Interessen geprägt wird. Der Journalist möchte seine Artikel verkaufen, der Politiker Mehrheiten erreichen und der Bildungsexperte seinen Ansprüchen als Wissenschaftler gerecht werden – so weit so gut. Allerdings werden viel zu selten diejenigen in den Mittelpunkt gestellt, um die es eigentlich geht. Wo bietet die Öffentlichkeit uns Schülern eine Plattform, auf der wir unsere Meinungen, Erfahrungen und Probleme wirksam in die Debatten einbringen könnten?

Der Schuldebatte fehlt das aufrichtige Interesse an ihrem eigenen Kern. Ständig wird über uns gesprochen, aber viel zu selten mit uns. So werden wir von einer Ignoranz überschattet, die sehr fragwürdig ist. Denn Schule kann nur gut sein, wenn sie ihre eigenen Mitglieder in den Mittelpunkt rückt. Gegenwärtig findet jedoch jeder renommierte Bildungsexperte mehr Aufmerksamkeit als die gesamte Schülerschaft. Schlimmer noch. Während Experten, Lehrer und Politiker über Universitäten, Verbände und Parlamente organisiert sind, fehlt uns Schülern bereits ein Organ, das in der Öffentlichkeit eine bemerkenswerte Funktion hätte.

Aus Sicht des verwaltenden Schulapparats gibt es dafür wahrscheinlich gute Gründe. Eine hörbare Stimme der Schüler wäre für all diejenigen unangenehm, die sich in ihrem täglichen Aktionismus über uns hinwegsetzen. Denn die zentralen Probleme der Schule sind weder Inklusion noch Bildungsföderalismus oder durchschnittliche PISA-Ergebnisse. Das Kernproblem ist, dass Schule einen beträchtlichen Teil ihrer Mitglieder vermittelt, dass Bildung langweilig, zeitraubend und sinnlos ist. Oder mit der Sprache des Schulhofs ausgedrückt: „Schule ist scheiße". Es ist nicht ungewöhnlich, dass dies die Essenz von dreizehn Lehrjahren ist. Diese Erkenntnis ließe sich allerdings nur gewinnen, wenn sich die Bildungsdebatte ehrlich für uns Schüler interessieren würde.

Nun muss ich jedoch erneut zugeben, dass diese Einschätzung der Schuldebatte eine Meinung ist, die von den Fingern eines unzufriedenen Schülers in die Tasten gehauen wurde. Was wäre also eine nachvollziehbare Basis, von der aus sich die Schule betrachten und bewerten lassen könnte? Eine gemeinsame Basis, die weder von einer einzelnen Meinung noch von der öffentlichen Debattenkultur abhängig ist.

An dieser Stelle scheint es sinnvoll, die Schule von ihrer Funktion her zu denken: Was ist die Aufgabe von Schule und wie nimmt sie diese wahr? Warum sitze ich eigentlich mit über acht Millionen Schülern fünf Tage die Woche in einem Klassenraum?

Kapitel 4
Schule als Ort des Lernens

„Du gehst in die Schule, damit du etwas lernst!" – Das wird mir zumindest immer erzählt, wenn ich nach dem Warum frage: „Du lernst, um mit dem erlangten Wissen zu einem selbstbestimmten Leben befähigt zu werden."

Den Erfolg dieses Projekts bemisst die Schule mit Noten und Abschlüssen. Bekanntlich nicht ohne Auswirkungen: Auf Grundlage des Zeugnisses entscheidet sich etwa in der Grundschule, ob ich das Gymnasium oder die Realschule besuche. Und einige Jahre später stellt das Abitur die Eintrittskarte in die Universität dar. Neben der Bewertung des Einzelnen ist der Klassenraum sicherlich auch ein Ort der Integration, der gesellschaftliche Werte- und Normvorstellungen vermittelt. Ich werde etwa nie vergessen, wie ich in der ersten Klasse lernen musste, 45 Minuten ruhig auf einem Stuhl zu sitzen – eine Voraussetzung für jedes Wartezimmer, jede S-Bahn, jedes Büro oder jeden Hörsaal.

Will man die unterschiedlichen Aufgabenbereiche der Schule in Begriffe bündeln, lässt sich dies gut mit denen des österreichischen Schultheoretikers Helmut Fend tun. Fend beschreibt die Funktion der Schule mit den Vokabeln „Qualifikationsfunktion", „Selektionsfunktion" und „Legitimationsfunktion".[1]

Diese Funktionen vereint der Anspruch, lehrreich auf uns Schüler einzuwirken. Ob es um konkrete Fähigkeiten, eine Einschätzung von Stärken und Schwächen oder die Eingliederung in die Gesellschaft geht, ist zunächst zweitrangig. Letztlich scheint es darum zu gehen, dass wir als Schüler bestimmte Dinge lernen sollen.[2] Anders kann ich mir auch nicht erklären, warum mein

Schultag aus dem Entgegennehmen und Bearbeiten von Lernaufträgen besteht. Da die bildungspolitischen Entscheidungsträger diejenigen sind, die sich entsprechende Lehrpläne ausdenken, können wir uns wahrscheinlich darauf einigen, dass die Kernfunktion der Schulen das Lernen ihrer Schüler ist.

Folglich müssen sich auch die Probleme im Klassenraum auf diesen Kern zurückführen lassen. Scheint ja auch logisch: Will man verstehen, warum ein Auto nicht funktioniert, sucht man den Schaden am Motor und nicht am Seitenspiegel. Ähnlich ist es mit der Schule – auch wenn so manche Bildungsdebatte einen anderen Eindruck weckt.

Doch was ist Lernen denn überhaupt? Diese Frage ist gar nicht so einfach zu beantworten, da jeder etwas anderes behauptet. Hier einige Beispiele: Schlägt man ein Lexikon der Psychologie auf, steht dort, dass Lernen ein Prozess der relativ stabilen Veränderung von Verhalten, Denken und Fühlen auf Grund von Erfahrung oder neu gewonnen Einsichten sei.[3] Soziologen betonen wiederum das Lernen im Kontext von Gesellschaft und sozialem Umfeld. Hirnforscher sprechen von Veränderungen der Nervenverknüpfungen im Gehirn, während Schüler und Studierende Lernen oftmals als das Gegenteil von Freizeit verstehen. Die Aussicht, am Wochenende „pauken" zu müssen, löst beim Durchschnittsschüler doch eher unangenehme Gefühle aus.

Offensichtlich existiert keine einheitliche Antwort, da sie stets von der Perspektive des Betrachters abhängt. Für unsere Zwecke lohnt es sich zwei Perspektiven zu entwerfen, die man folgendermaßen unterscheiden kann: Entweder man versteht Lernen als Bildung der Persönlichkeit oder als Bildung des Wissens.
Was sich hinter dieser Unterscheidung verbirgt, sollen die

folgenden Seiten beschreiben. Denn ähnlich wie ein Automechaniker verschiedene Motoren untersucht, scheint es sinnvoll, einen Überblick über das Tagesgeschäft jeder Bildungseinrichtung zu gewinnen, möchte man die grundlegenden Probleme der Schule begreifen.

Kapitel 5
Der Baum des Lernens
– eine Bildung der Persönlichkeit

Pauken, Büffeln, sich auf den Hosenboden setzen ... Es scheint sich eine Sichtweise verfestigt zu haben, innerhalb der das Wort Lernen ähnliche Begeisterung freisetzt wie das Ausfüllen einer Steuererklärung.

Doch auch, wenn es für Einige schwer vorstellbar ist: Lernen kann Freude machen! Vor einigen Jahren hätte ich nicht gedacht, dass ich mal so etwas von mir geben würde – aber es kann sogar so richtig Freude machen! Statt Lernen mit der stressigen Vorbereitung auf die letzte Prüfung gleichzusetzen, stellen wir es uns also lieber als einen Baum vor. Ich gebe es zu: Auf den ersten Blick wirkt dieser Vergleich vielleicht als wäre er einer Hippie-Kommune entsprungen, die zuviel Weihrauch geschnüffelt hat. Jedoch bietet dieses Bild eine anschauliche und lebendige Gedankenstütze.

Was hat also ein Baum mit Lernen zu tun? Zunächst einmal hat beides einen Anfang: Der Baum hat eine Wurzel, aus der Stamm und Astwerk erwachsen. Und auch Lernen hat eine Wurzel: Nämlich die Absicht, etwas Unbekanntes verstehen zu wollen. Wer wollte bestreiten, dass es sich am besten mit einer großen Portion Neugier und Verständniswillen lernen lässt?

Sind wir neugierig genug, entsteht ein festes Interesse, dem wir nachgehen. Wir alle kennen das: Tut sich vor uns ein Rätsel auf, entwickeln wir oft eine beachtliche Beharrlichkeit, um es zu lösen. Aus Neugier wird festes Interesse, das sich auch gegen Widerstände behauptet. Auch aus dem Wurzelwerk unseres Baums erwächst ein widerstandsfähiger Stamm, der Wind und Wetter trotzt und die Verbindung zwischen Wurzel und Baumkrone darstellt. Letztere trägt die Früchte der gewonnen Erkenntnis und ist der Gewinn des Lernens. Es ist ein Geäst des Wissens entstanden, welches den Fragen der Neugier gerecht wird.

Um die Skizze unseres Baums gedanklich auszumalen, beschreiben die folgenden Seiten die einzelnen Abschnitte genauer.

Die Wurzel der Neugier

1952 schrieb Albert Einstein an den Journalisten Carl Seelig, dass er keine besondere Begabung habe, sondern nur leidenschaftlich neugierig sei. Offenbar war Herr Einstein ein sehr bescheidener Mann. Als wolle er sagen, dass jeder mit der richtigen Portion Neugier Nobelpreisträger in Physik werden könne. Schön wär's … Doch warum betonte jemand wie Einstein die Neugier als zentrale Eigenschaft seiner bemerkenswerten Persönlichkeit?

Ob wir verstehen wollen, warum sich die Erde dreht, wie ein Handy funktioniert oder warum wir uns gerade in dieses Mädchen oder jenen Jungen verliebt haben: Jeder von uns kennt das Gefühl, sich so sehr über etwas zu wundern, das wir unbedingt verstehen wollen. Allerdings ist hier nicht die krankhafte Neugier auf die Rasenhöhe des Nachbarn oder den Chihuahua von Paris Hilton gemeint, sondern vielmehr das menschliche Grundbedürfnis die eigene Umwelt zu begreifen. Neugier braucht keine Qualifikation oder irgendeine Form der Aneignung. Ohne die Fähigkeit staunend begreifen zu wollen, könnte keiner von uns laufen, Fahrrad fahren oder diese Zeilen lesen.

In der Mitte des vergangenen Jahrhunderts setzte sich der

amerikanische Psychologe Daniel Berlyne mit Neugier auseinander. Mithilfe verschiedener Verhaltensexperimente kam er zu dem Schluss, dass „Neuartigkeit", „Komplexität", „Konflikt" und „Ungewissheit" vier maßgebliche Faktoren für ihre Entstehung seien.[4] Bemerkenswert an den Forschungen Berlynes ist, dass jede der genannten Eigenschaften eine Art Reiz auf unsere Wahrnehmung darstellt. Neugier ist hiernach die Gier, diesen Reiz zu verstehen, wobei dessen Bewertung immer mit der Wahrnehmung des Einzelnen verknüpft ist.

Was das bedeutet, erlebte ich vor einigen Monaten am eigenen Leibe. Ich begleitete meinen Bruder an die Universität zu einer Vorlesung über Geowissenschaften, die der Professor mit einem 90-minütigen Monolog über die Eigenschaften verschiedener Gesteinsschichten füllte. Während mein Bruder eine Erleuchtung nach der anderen zu haben schien, hatte ich ab der siebten Minute Probleme nicht einzuschlafen. Was sollte daran spannend sein, dass ein alter grauer Mann einen Haufen Hypothesen in sein Mikrofon nuschelte? Für meinen Bruder schienen die einschläfernden Worte indessen Quelle für die Befriedigung seines Wissensdursts. Er bewertete dieselben Informationen völlig anders als ich, und offensichtlich auch anders als der Professor, der sich mit seiner eigenen Stimme selbst langweilte. Das, was für meinen Bruder eine spannende Erkenntnis bedeutete, war für den Professor längst selbstverständlich, während ich nach zehn Minuten das Ende der Vorlesung herbeisehnte.

Die Berlyne´schen „Neugierfaktoren" Neuartigkeit, Komplexität, Konflikt und Ungewissheit waren also bei jedem unterschiedlich ausgeprägt. Denn wir alle brachten verschiedene Gedanken, Erfahrungen und Vorkenntnisse in die Vorlesung mit. Hinter Neugier steckt folglich immer eine Frage, die für die einzelne Person relevant ist und gerade deshalb beantwortet werden will.

Neben ihrer Individualität ist das Bemerkenswerte der Neugier, dass sie ein gewisses Maß an Neutralität und Unvoreingenommenheit verkörpert: Sie hat das Potenzial, sich über Vorurteile und vermeintliches Wissen hinwegzusetzen. Derjenige, der unbedingt verstehen möchte, wird erst im Nachhinein das erlangte Verständnis mit der Voreingenommenheit seiner Denkmuster abgleichen. Neugier ist eine Fundgrube unerwarteter Gedanken und Erkenntnisse. Auch in der Metapher des Baumes findet sich die Struktur dieser Unvoreingenommenheit wieder: So wie sich die Wurzeln wild und ungeordnet dem Wasser entgegenstrecken, sucht der Neugierige nach Antworten. Neugier ist ein Bedürfnis, das sich vorerst unreflektiert verwirklicht.

Ungezügelte Entdeckerlust ist jedoch nicht immer angenehm. Besonders bei Denkmustern, die uns ein hohes Maß an Sicherheit verschaffen, werden wir die Konfrontation mit Neuem meiden. Ein Blick auf unsere eigene Entwicklung zeigt dies besonders deutlich. Als Kinder waren die meisten von uns die leibhaftige Entdeckerfreude. Wir erforschten unsere Umwelt mit all unseren Sinnen, und sobald wir sprechen konnten, begannen wir einen Haufen Fragen zu stellen. Mit zunehmendem Alter erarbeiteten wir uns immer mehr Antworten und begannen zu verstehen und zu begreifen. Dort, wo vor wenigen Jahren nur Fragen waren, entwickelte sich eine Infrastruktur von Weltbildern und Überzeugungen, die wir fleißig ausgebaut haben.

Diese Entwicklung wird zusätzlich von einem Zusammenleben verstärkt, in dem Antworten wertvoller sind als Fragen. Wer fragt, gilt eher als dumm, während der Wissende als gebildet und klug daher kommt. In diese Maßstäbe wachsen viele Kinder hinein, sodass sie mit voranschreitendem Alter die Fähigkeit einbüßen, Fragen zu stellen; aus Fragenden werden Antwortende.

Mit zunehmenden Antworten wächst gleichzeitig die Angst, dass das harmonische Weltbild durch neue Erkenntnisse beschädigt werden könnte. So wird es bedrohlich, wenn sich Denkmuster verändern, da sie doch das Fundament der bisherigen Wertvorstellungen, Handlungen und Entscheidungen darstellen. Überzeugungen garantieren also Sicherheit und Identität, gleichzeitig können sie auch die Offenheit für neue Erkenntnisse beeinträchtigen; es ist nunmal sehr viel angenehmer, auf den ausgetrampelten Pfaden vermeintlichen Wissens zu schlendern.

Jedes Abkommen vom Gewohnten kann Angst auslösen, wobei ihre Symptome sehr unterschiedlich sein können. Von der Berufung auf Tradition über Ignoranz bis hin zu Aggressivität wird der Konfrontierte versuchen, an seinen sicheren Denkmustern festzuhalten. Talkshows im Fernsehen wie „Maischberger", „Lanz" und Co. liefern wöchentlich Lehrbeispiele eines solchen Verhaltens. Hier kann man Menschen beobachten, die sich geradezu an ihre Denkmuster klammern – unfähig, neuen Informationen fragend und verstehend zu begegnen. Dies endet dann immer wieder mit der Flucht in die Verzweiflung, deren Höhepunkte sich am nächsten Tag auf der Startseite von YouTube wiederfinden.

Stellen wir uns doch einfach kurz eine solche Talkshow vor: Ein eingefleischter Physiker und ein bibelfester Theologe diskutieren die Entstehung der Welt, wobei der Eine in Formeln spricht und der Andere in Gleichnissen. Die beiden werden sich nie verstehen, wenn sie nicht bereit sind, ihre Überzeugungen zu relativieren und mit Offenheit auf das Fremde zuzugehen.

Die Entwicklung von Neugier ist stets ein sensibler Prozess, der sich im Spannungsfeld zwischen Sicherheitsbedürfnis und Verständniswillen bewegt. Neugier hat nur eine Chance, wenn der Mut zu neuen Erkenntnissen überwiegt. Ob wir den nötigen Mut aufbringen können, hängt in erster Linie davon ab, worum es geht: Während bei unserem Theologen die Grenze zwischen Neugier und Sicherheitsbedürfnis irgendwo zwischen Gleichnis und Gleichung liegt, ist es beim Physiker genau umgekehrt. Würden sich jedoch die beiden als leidenschaftliche Golfer auf der Driving Range treffen, könnten sie sich problemlos über ihre Schwungtechnik austauschen, anstatt sich ängstlich an ihre Weltbilder zu klammern. Jeder selektiert sehr sensibel, welchen Inhalten er mit Neugier begegnen kann.

Dies ist im übrigen auch der Grund, warum auch der neugierigste Mensch kein zweiter Einstein werden könnte. Die Einzigartigkeit seiner Erfahrungen, Überzeugungen und Ängste würde es nicht zulassen.

Der Stamm des Interesses

Folgen wir der Metapher unseres Baumes, erwächst aus dem feinen Wurzelwerk ein fester Stamm. Der Unterschied zwischen Wurzel und Stamm liegt in der Stabilität: Während die dünnen Wurzeln relativ einfach durchtrennt werden können, weist der Stamm ein höheres Maß an Widerstandsfähigkeit auf.

Ähnlich wie die Wurzeln in den Stamm übergehen, entwickelt auch die Neugier eine festere Struktur. Mit Blick auf den Lernenden entsteht diese aus Umsetzungskompetenzen wie Disziplin, Impulskontrolle, Organisation oder Durchhaltevermögen. Denn was bringt schon Neugier, wenn sie sich nicht gegen Netflix, Amazon oder YouTube behaupten kann? Umsetzungskompetenzen sind die Brücke zwischen Wollen und Tun: Sie helfen dem Neugierigen seinen Verständniswillen zu realisieren. Psychologen sprechen hierbei von intrinsischer Motivation. Der Begriff intrinsisch (lat. „von innen kommend") meint den Ursprung dieser Motivation. Denn das Charakteristische der Umsetzungskompetenzen ist, dass sie Produkt des Lernenden selbst sind. Und je größer der Verständniswille ist, desto mehr wird der Neugierige auch investieren, um seinen Willen zu befriedigen. In diesem Zusammenhang verrät der Begriff Leidenschaft einen wichtigen Teil seiner Bedeutung. In ihm steckt die Leidensbereitschaft, die es ermöglicht, den eigenen Willen umzusetzen.

Jeder kennt das Beschriebene aus eigener Erfahrung. Wollen wir etwas erreichen, setzen wir alle Hebel in Bewegung, um unserem Ziel näher zu kommen. So auch beim Lernen.

Ich kann mich etwa noch gut daran erinnern, dass ich vor zwei Jahren unbedingt verstehen wollte, was „Freiheit" ist. Überall schien mir dieser schwammige Begriff zu begegnen – egal ob in Büchern, in der Tagesschau oder der Zigarettenwerbung. Also fragte ich meine Lehrer und nervte meine Freunde mit meiner neuen Leidenschaft. Ich fand mich zu meiner eigenen Überraschung sogar in der miefigen Stadtbibliothek wieder ... Gleichzeitig kann ich mich dunkel daran erinnern, dass sich vier Jahre zuvor mein Philosophielehrer bereits an der Freiheit versucht hatte. Doch das Einzige, was ich noch verlässlich weiß, sind nur zwei Dinge: Zum einen, dass wir irgendetwas über Immanuel Kant gelesen haben und zum anderen, dass ich nach zwanzig Minuten rausgeflogen bin, da ich mich wohl so unpassend verselbständigt haben muss, dass mein Lehrer die

Reißleine gezogen hatte. Vier Jahre später hätte ich mit großen Augen im Unterricht gesessen und den Lehrer wahrscheinlich darum gebeten, mir die Gedanken von diesem Kant noch mal genauer zu erklären.

Umsetzungskompetenzen können nur dann entstehen, wenn sie auf dem Fundament einer individuellen Frage gründen. Versucht man sie stattdessen von außen zu erzeugen, werden sie zur fremdbestimmten Reglementierung. Selbstständiges Lernen ist dann seinen eigenen Voraussetzungen beraubt. Nur durch eigenes Inter-esse (lat. inter = zwischen, esse = sein) kann die Verbindung zwischen Wille und Tat, Wurzel und Astwerk gelingen.

Das Geäst des Verstehens

Nachdem Neugier und Interesse die nötigen Voraussetzungen geschaffen haben, geht der Lernende nun den Fragen nach, die ihm wichtig sind.

Dank des 21. Jahrhunderts muss man dazu nicht mal mehr in die Bibliothek. Vielmehr steht uns über das Internet das gesamte Weltwissen jederzeit zur Verfügung. Ebenso kann man aber auch eigene Experimente und Beobachtungen machen. So geht doch wenig über eine lebendige Erfahrung, durch die etwas zuvor Unverständliches begreifbar wird.

Egal welchen Weg man wählt: Neue Information brauchen immer einen Anknüpfungspunkt an bestehende Wissens- und Erfahrungsstrukturen, anhand derer sie eingeordnet werden können. Die deutsche Managementtrainerin Vera Birkenbihl, die sich Zeit ihres Lebens mit dem Lernen befasste, führte in diesem Zusammenhang den passenden Begriff Wissensnetz ein. Ein Netz, in dem sich viele „Wissensknoten" befinden, welche durch Verbindungen und Assoziationen miteinander verknüpft sind. Und je dichter das Netz ist, desto einfacherer und sinnvoller lassen sich neue Information integrieren.[5] So konnte mein Bruder die Vorlesung über Gesteinsschichten viel besser einordnen als ich, da er als Student der Geowissenschaften ein komplexeres Netz an Vorwissen mitbrachte.

Es braucht jedoch nicht zwingend neuen Input. Auch das Verknüpfen von bereits bestehenden „Wissensknoten" kann weiterhelfen. Durch logisches Kombinieren des eigenen Vorwissens lassen sich Antworten auch selbstständig erschließen.

Im Grunde ist es nebensächlich, ob der Lernende durch äußeren Input, durch Verbindung von bereits vorhandenem Wissen oder einer Mischung von beidem seiner Neugier nachgeht: Der Neugierige bemüht sich, kausale Zusammenhänge zu erfassen, Schlussfolgerungen zu ziehen und gewonnene Erkenntnisse mit bestehenden zu verknüpfen. Er versucht im Grunde, Ordnung in das Chaos der Fragen zu bringen. „Denken" beschreibt diese Bemühung wohl am ehesten. Ähnlich wie man in der Mathematik eine Textaufgabe in eine Formel überträgt, überträgt der Neugierige seine Fragen in die Logik seines Verstands. Dieser ist die wertvollste Formel, um die Aufgabe der Neugier zu lösen.

Allerdings handelt es sich beim Denken ja nicht nur um das logische Jonglieren verschiedener Wissensinhalte. So benennt Elliot Aronson in seinem Standardlehrwerk zur Sozialpsychologie ein weiteres Hauptmotiv des Denkens: Neben dem Drang nach einem realistischen Weltbild werde es auch durch das Bedürfnis nach einem positiven Selbstbild beeinflusst.[6] Es ist also nicht nur wichtig, was man denkt, sondern auch wie es sich anfühlt.

Dieses Phänomen konnte der Biologe Larry Cahill unterstreichen, indem er den Einfluss von Emotionen auf unsere kognitive Verarbeitung anschaulich untersucht hat. Hierzu ließ er zwei Versuchsgruppen ähnliche Geschichten vorlesen. Allerdings hatte die Geschichte der ersten Gruppe zusätzlich eine emotionale Dimension: Es wurde ein tragischer Unfall des Protagonisten geschildert. Der zweiten Gruppe wurde die gleiche Geschichte erzählt, allerdings ohne Autounfall. Nach einer Woche wurde getestet, wie gut sich die Gruppen an die Geschichten erinnern konnten, wobei die „emotionale" Gruppe weit mehr Einzelheiten behalten hatte.[7]

Zu ähnlichen Ergebnissen kam auch eine Arbeitsgruppe um den Neurowissenschaftler Matthias Gruber an der University of California. Der einzige Unterschied zum Versuchsaufbau Cahills lag darin, dass die Probanden diesmal keine Geschichten erinnern mussten, sondern die richtigen Antworten auf zuvor gestellte Fragen. Auch hier war das Ergebnis eindeutig: Je interessanter die Probanden die präsentierten Fragen zuvor eingeschätzt hatten, desto besser konnten sie sich einige Stunden später an die Antworten erinnern.

Bemerkenswert an Grubers Experimenten ist, dass er sie anschließend erweiterte. So stellte er sich die Frage, ob Menschen während des Zustands der Neugier grundsätzlich offener für neue Informationen sind. Um dies herauszufinden, wurde den Probanden zwischen der Frage und der Antwort einige Sekunden lang ein neutraler visueller Reiz gezeigt. Dabei handelte es sich um Bilder mit verschiedenen Gesichtern. Die Beobachtungen Grubers waren folgende: Je interessanter die Probanden die Frage einschätzten, desto besser konnten sie sich später auch an das Gesicht erinnern, das in der Zwischenzeit gezeigt worden war.

Abhängig vom allgemeinen Level der Neugier veränderte sich auch die kognitive Aufnahmefähigkeit der Probanden.[8] Persönliche Relevanz scheint also wie ein Staubsauger, der uns Informationen nachhaltiger und intensiver aufnehmen lässt.

Was die Experimente von Cahill und Gruber nahelegen, ist der beträchtliche Einfluss unserer Emotionen auf das Gedächtnis und unsere Verstandesprozesse. Wer würde es auch bestreiten? Natürlich können wir jene Inhalte besser rekonstruieren, die eine qualitative Bedeutung für uns haben. So kann sich jeder an die Bilder der Terroranschläge auf das World Trade Center erinnern. Und alle Fußballbegeisterten, die an die Weltmeisterschaft 2014 zurück denken, werden auch noch gut wissen, wie es sich anfühlt, wenn Schürrle in der Verlängerung von links auf Götze flankt und dieser den Ball mit der Brust annimmt und per Volley im Tor versenkt. Vielen von uns sind diese Momente nur deshalb so präsent, weil wir intensive Gefühle mit ihnen verbinden.

Die enge Beziehung zwischen Gefühl und Verstand zeigen auch die Erkenntnisse der Hirnforschung. Der portugiesische Hirnforscher Antonio Damasio zeigte dies anhand zahlreicher Forschungsergebnisse besonders deutlich.[9] Jedoch muss man sich nicht auf die Mikroebene der Neuronen und biochemischen Prozesse begeben, um dies zu erkennen. Für unsere Zwecke genügt es, sich die Funktion der Emotionen innerhalb des Denkens zu vergegenwärtigen. Die Philosophin Eva Maria Engelen hat dies getan und aus den Erkenntnissen Damasios schlussfolgernd geschrieben: „Emotionen helfen auch, die Bedeutung einer Information zu gewichten und zu bewerten."[10]

Übersetzen wir diesen Gedanken in den Kontext des Lernens,

sind die Gefühle der Maßstab, anhand dessen neue Informationen eingeordnet werden. Wie könnte man auch zwischen der Relevanz verschiedener Inputs unterscheiden, wenn man nicht die eigene Individualität als Richtschnur nimmt? Gefühle stellen einen Maßstab dar, an dem sich die rationale Logik des Verstands ausrichtet und eine Wertung erfährt. Wäre das nicht so, würde jeder Input gleichwertig und bedeutungslos werden.

Denken und Fühlen sind unbedingt aufeinander angewiesen. Jedoch nicht im Sinne einer einschränkenden Abhängigkeit, sondern einer sich ergänzenden und voneinander profitierenden Verbindung. Albert Schweitzer hat diesen Gedanken poetisch auf den Punkt gebracht und geschrieben: „Das wahre Herz überlegt, und die wahre Vernunft empfindet."[11] Ähnlich formuliert es auch Damasio, wenn er betont, dass das Gefühl den Verstand im mindesten Fall unterstütze und sich im besten Fall mit ihm im Dialog befände.[12] Und genau dieser Vorgang des Dialogs birgt ein unerschöpfliches Potential für effektives Lernen.

Es gibt eine ganze Branche, die diese Erkenntnis für sich entdeckt hat. Die Werbeindustrie nutzt seit Jahrzehnten den starken Einfluss der Emotionen auf unser Lernverhalten. Schaut man sich eine beliebige Werbekampagne an, erkennt man sofort, dass dort die perfekte Verbindung von Argumenten und Emotionen zählt. Ein Auto wird nicht nur mit sieben Sitzplätzen und elektrischen Fensterhebern beworben, sondern mit dem Gefühl, das entsteht, wenn man glückliche Kinder und noch glücklichere Eltern durch eine idyllische Küstenlandschaft kurven sieht. Ebenso wird keine Versicherung verkauft, sondern Freiheit, und kein Aktienfonds, sondern Wohlstand. Dass internationale Unternehmen wie Google oder Sony jährlich Milliarden in Werbung investieren, gibt der Effektivität ihrer Methode recht.

Nun ist Werbung sicherlich kein Exempel gelungenen Lernens, da man doch eher manipuliert und belehrt wird als dass es sich um einen selbstständigen Lernprozess handelt. Doch es gibt wohl kaum ein besseres Beispiel, das die Verknüpfung von Emotion und Information besser darstellt. Zumindest in dieser Hinsicht scheinen in den Werbeagenturen weitaus bessere Didaktiker zu sitzen als in meinem Klassenraum.

Die Vorstellung von einem „Lerntanz" zwischen Gefühl und Verstand mag vielleicht befremdlich wirken, weil sie unserem gängigen Verständnis von Wissensschöpfung widerspricht. So sind wir Teil einer Gesellschaft, die innerhalb der Organe ihrer Erkenntnisgewinnung genau das Gegenteil praktiziert: Der Großteil heutiger Wissenschaft baut auf der Trennung von Verstand und Gefühl auf, indem sie nachvollziehbare Objektivität subjektiver Assoziation vorzieht. Mit diesem Gedanken haben insbesondere die Naturwissenschaften in den letzten Jahrzehnten großen Einfluss gewonnen, da sie doch maßgeblich für unseren Lebensstandard verantwortlich sind. Wie könnten wir etwa Computer bauen, Smartphones erfinden und zum Mond fliegen, wenn dies nicht durch das theoretische Fundament der Physik ermöglicht worden wäre?

Mit der Erfolgsgeschichte der Wissenschaft ist auch ihre Anerkennung in der Gesellschaft gewachsen: So verkauft sich die Zahnpasta viel besser, wenn der prämierte Forscher im weißen Kittel die Qualität des Produkts bestätigt. Und was gibt es Glaubwürdigeres, als die eigene Argumentation mit Statistiken zu untermauern? Durch ihre unbestreitbare Effizienz hat die Methodik wissenschaftlicher Erkenntnisgewinnung auch über die Laborgrenzen hinaus wachsenden Einfluss erlangt. Da Lernen ebenfalls eine Form der Erkenntnisgewinnung darstellt, liegt es nahe, das erfolgreiche Konzept der Wissenschaft auch auf die Lernpraxis des Einzelnen zu übertragen. Lernen ist demnach dann erfolgreich, wenn man sich aneignet, was von objektiven Quellen für richtig befunden wurde.

Im Sinne eines persönlichen Lernens entsteht dabei allerdings ein großes Missverständnis. Denn sobald die Methodik der Wissenschaft über das Lernen gestülpt wird, reduziert es sich auf die bloße Unterscheidung zwischen richtig und falsch. Doch erst die persönliche Färbung des Inputs macht es doch interessant: So formt das Wechselspiel zwischen Gefühl und Verstand, Subjektivität und Objektivität den Sinn des Lernens. Die Gefühle geben dem Lernen seine Notwendigkeit, während der Verstand ihre erfolgreichste Realisierung darstellt. Statt sich zu widersprechen entsteht eine Synthese zwischen Gefühl und Verstand, die viel Kreativität freisetzt, um neue Informationen zu verarbeiten.

Der russische Künstler Wassily Kandinsky übersetzte etwa die Töne, die er hörte, in Farben.[13] So komponierte er gewissermaßen Bilder, die noch heute eine sehr anziehende Melodie in sich tragen. Der amerikanische Physiker Richard Feynman visualisierte die Quantenfeldtheorie als Diagramme, die er aus mathematischen Gleichungen abstrahierte.[14] Dabei waren seine „physikalischen Kunstwerke" wohl so beeindruckend, dass er mit dem Nobelpreis für Physik ausgezeichnet wurde und als einer der wichtigsten Physiker des 20. Jahrhunderts gilt. Menschen wie Kandinsky oder Feynman sind eindrückliche Beispiele für die persönliche Formung der Dinge, die wir wahrnehmen.

Nun sehen die meisten von uns weder Farben, wenn sie Töne hören, noch Diagramme bei einer physikalischen Formel. Doch letztlich tut der Lernende nichts anderes als das, was Kandinsky getan hat. Er formt selber den Input, und schafft dadurch etwas Einzigartiges. Dies kann etwa ein geschriebener Text sein, ein umgesetztes Projekt, ein gemaltes Bild, ein inspirierendes Gespräch, ein Gefühl oder ein Gedanke. Lernen ist immer ein schaffender Prozess, der aus einer persönlichen Antwort auf den Input hervorgeht.

Bemerkenswerterweise scheint unser gesamtes Denkorgan nach diesem Mechanismus zu funktionieren. Unser Nervensystem ist ein Experte darin, die Reize, die unsere Sinne ständig einfangen, zu filtern und in eine innere Form zu bringen. Namentlich kommt dem Thalamus, der bestimmenden Struktur des Zwischenhirns, diese Aufgabe zu. Er gestaltet gewissermaßen unsere Wahrnehmung anhand von Maßstäben persönlicher Relevanz, indem er dem Bewusstsein bedeutende Informationen zugänglich macht und unwichtige abblockt.[15] Ähnlich ist es beim Lernen: Aus der Komposition relevanter Informationen wächst eine Antwort auf die Neugier.

Antworten auf eigene Frage zu finden birgt unerschöpfliches Potential für Stolz, Freude und Zufriedenheit über das, was man erreicht hat. Es ist geradezu ein berauschendes Gefühl, sich eine wichtige Frage zufriedenstellend zu beantworten. Der Göttinger Neurobiologe Gerald Hüther beschreibt diese Empfindung mit dem Wort Begeisterung. Laut Hüther spielt das aktive Umsetzen von Dingen, die persönliche Relevanz haben, eine überragende Rolle beim Lernen. Dies lässt sich hirnphysiologisch ziemlich genau beschreiben. Begeistern wir uns für etwas, werden Gruppen von Nervenzellen im Mittelhirn erregt, die daraufhin Adrenalin, Dopamin und Endorphine ausschütten. Jene Botenstoffe lösen über komplexe Signalketten eine Übertragung

der Begeisterung in die Kerne der Nervenzellen aus. Im Folgenden werden in selbigen Zellkernen bestimmte Gene vermehrt abgeschrieben, wodurch die Produktion von Eiweißen beginnt, die für die Bildung neuer Nervenzellkontakte und das Auswachsen neuer Fortsätze gebraucht werden.[16]

Betrachtet man Lernen aus der Perspektive eines Hirnforschers, bedeutet es letztlich nichts anderes als eine Umstrukturierung des komplexen Nervengeflechts, das wir unser Gehirn nennen. Zoomen wir auf die Mikroebene einzelner Nervenzellen heran, zeigt sich, dass sie sich in komplexen Verbindungen zu anderen Nervenzellen befinden. Genau dieses Nervenastwerk wird weiter ausgebaut, wenn wir eine befriedigende Antwort auf unsere Neugier finden. Ähnlich unserem Baum, der im Frühjahr neue Zweige austreibt, ergeben sich im Gehirn neue Verästelungen.

Bestenfalls können auf den entstandenen Ästen Blätter der Erkenntnis und Einsicht erwachsen, die dieses einzigartige Astwerk schmücken und nähren. Denn neben der Befriedigung der Neugier stellt das Astwerk auch eine Formung des Einzelnen dar. Schließlich hat eine persönliche Frage auch eine persönliche Antwort bekommen: Die Persönlichkeit wächst gemeinsam mit den Erkenntnissen des Lernvorgangs und ist eng mit dem erlangten Wissen verwoben.

Bezeichnenderweise erneuert und vervielfältigt sich ein solches Lernen ständig. Denn mit jeder Antwort tun sich neue Fragefelder auf, wodurch ein zusammenhängendes Wissensnetz möglich wird. So beschäftige ich mich etwa auch mit den biologischen Vorgängen des Lernens, wenn ich verstehen will, warum mein Schülerdasein eher Müdigkeit als Begeisterung auslöst. Beschäftigt man sich mit Politik, wird gleichzeitig auch

Wirtschaft interessant und so weiter. Folgt man der Neugier, kann es sogar passieren, dass man sich unerwartet an absonderlich erscheinenden Dingen wie Mathematik und Physik erfreuen kann …

Kapitel 6
Der Bonsai des Lernens
– eine Bildung des Wissens

Werfen wir einen weiteren Blick auf das Lernen. Oder im Bild unseres Baumes gesprochen: Aus dem Baum des Lernens wird im folgenden ein Bonsai, der zwar seinem Vorbild ähnelt, aber im Grunde etwas völlig anderes darstellt.

Ein Bonsai ist ein gezüchtetes Imitat eines Baumes in Miniaturform. Er ist ein gewolltes Produkt. So werden die Samen von den Händen des Züchters in die Erde gebracht, und nach einiger Zeit wird die wachsende Pflanze mithilfe von Drähten, verschiedenen Techniken der Beschneidung und aufwendiger Pflege in die gewünschte Form gebracht. So entsteht die künstliche Miniatur eines Baumes, die sich gut in ein Schaufenster oder auf die Fensterbank stellen lässt. Hat man einen wahrhaft schönen Bonsai aufgepäppelt, kann man ihn auch auf Bonsaiwettbewerben gegen andere antreten lassen. Und wenn es so richtig gut läuft, lässt er sich gewinnbringend verkaufen: In den 70er Jahren wurde der teuerste Bonsai der Welt für 2 Millionen Euro in Japan versteigert. Besonders elegante Exemplare gelten als lebende Kapitalanlage, die bei regelmäßiger Pflege ihren Wert steigert.

Vor dem Hintergrund solcher Verzweckung einer Miniatur lässt sich auch die folgende Perspektive auf das Lernen verstehen: Der Psychoanalytiker Erich Fromm vergleicht diese Art des Lernens mit einem Vorgang des Erwerbs. Dabei ist das übergeordnete Ziel, möglichst viel Wissen zu besitzen. Fromm drückt es folgendermaßen aus: „Studenten in der Existenzweise des

Habens haben nur ein Ziel: das ‚Gelernte' festzuhalten, entweder indem sie es ihrem Gedächtnis einprägen oder indem sie ihre Aufzeichnungen sorgsam hüten."[17]

In diesem Sinn wird Lernen zu einem nahezu physischen Vorgang des Nehmens. Dahinter steckt der Gedanke, dass Wissen gleich Bildung, und Lernen das geeignete Mittel auf dem Weg dorthin ist. Der Kopf des Lernenden wird zur Lagerhalle des Wissens; Der Lernvorgang die Verbindung zwischen dem Lexikon und der Speicherung im Gehirn.

In verbreiteten Beschreibungen zu unserer neuronalen Informationsverarbeitung findet sich ein ähnliches Bild: Vom Ultrakurzzeitgedächtnis gelangt das Wissen ins Kurzzeitgedächtnis, von dort aus ins Arbeitsgedächtnis, und schließlich wird der Lernstoff im Langzeitgedächtnis abgespeichert. Ist das Gelernte dort angekommen, wurde das Ziel erreicht, da man von nun an nachhaltigen Zugriff auf das erworbene Wissen hat. Bei Beschreibungen wie diesen entsteht der Eindruck, dass man das Wissen nur irgendwie über die vorgeschalteten Gedächtnislagerhallen in das Langzeitgedächtnis wuchten müsse und man hätte erfolgreich gelernt.

Diese materielle Vorstellung der Wissensverarbeitung findet sich in vergleichbarer Form auch auf gesellschaftlicher Ebene. Besonders in rohstoffarmen Ländern wie Deutschland gilt Wissen als eine der wichtigsten Ressourcen für eine wettbewerbsfähige Volkswirtschaft. So spricht etwa Bundeskanzlerin Angela Merkel davon, dass Deutschland auf dem Weg zur „Wissensgesellschaft" ein ganzes Stück vorangekommen sei[18] – einer Wissensgesellschaft, deren Wettbewerbsfähigkeit zunehmend vom wachsenden Dienstleistungssektor und technischen Innovationen abhängt[19] und nun immer mehr junge Menschen an die Hochschulen lockt, um diese Sektoren zu bedienen[20]. Denn nur durch vermehrte Investitionen in Forschung und Bildung könne sich Deutschland das Niveau bewahren, um weiterhin international mithalten zu können, betont Merkel.[21]

Innerhalb solcher Gedanken hat Wissen eine zentrale Bedeutung. Es wird zum bestimmenden Produktionsfaktor, der über den Erfolg einer Wissensgesellschaft entscheidet. Der Begriff „geistiges Eigentum" spielt dabei eine überragende Rolle. Wissen wird erforscht und erlernt, um es sich zu eigen zu machen. Oder mit Erich Fromms Worten gesagt: um es zu haben. Anschließend wird das erworbene Eigentum wirtschaftlich verwertet. Und je mehr Wissen man erwirbt, desto mehr Geld wird man auch dafür bekommen. Patente, Nutzungsrechte und das Urheberrecht bedienen diesen Mechanismus und legen die gesetzlichen Spielregeln des Wissensmarktes fest.

Für den Lernenden bedeutet dies, dass die Menge verwertbaren Wissens zum entscheidenden Indikator des Erfolgs oder Misserfolgs wird. „Habe ich viel Wissen erlangt, habe ich auch gut gelernt", impliziert die dahinter stehende Logik. Dabei lässt sich der Lernerfolg jederzeit messen, indem man das Wissen nur gezielt abzufragen braucht. Lernen wird also nicht qualitativ erfasst, sondern quantitativ. Dabei ergibt sich eine Unterordnung unter das Ziel der größtmöglichen Wissensvermehrung. Neugier und Motivation erscheinen als willkommene Hilfsmittel, während Unkonzentriertheit und Müdigkeit als störende Ablenkungen wahrgenommen werden. Bemerkenswert ist die Haltung, die der Lernende dabei einnimmt. Ähnlich wie sich der Bonsai den Händen fügen muss, die ihn formen, fügt sich der Lernende dem Diktat des maximalen Wissens.

Und wenn der Bonsai nicht in die vorgestellte Richtung

wächst, braucht man sich nur ein Handbuch zu besorgen, und die Tipps und Tricks der gelungenen Zucht nachzuschlagen. Gleichermaßen gibt es ein Sammelsurium an Ratgeberliteratur, die effizienteres Lernen verspricht. Vom optimalen Arbeitsplatz über Zeitmanagement bis hin zum Gehirnjogging wird ausgiebig erklärt, wie man sich und sein Umfeld am ökonomischsten an das Lernziel anpassen kann.

Hierbei nimmt der Lernende zwangsläufig eine passive Rolle ein. Er ist gewissermaßen nur noch die Schranke zwischen dem Wissen und dessen Speicherung im Gehirn, deren Mechanik möglichst optimal an den Wissensverkehr angepasst wird.

Kapitel 7
Baum oder Bonsai

Wie verhält sich ein Lernen, das möglichst viel Wissen hervorbringen will zu einem, das die Persönlichkeit bildet?

Am deutlichsten zeigt sich der Unterschied in der Qualität des entstandenen Wissens: Wissen, das aus einem Lernvorgang der Persönlichkeit entsteht, dient der Neugier des Betreffenden. Wissen, das dem Ziel seiner eigenen Vermehrung entspringt, fehlt hingegen ein Zweck außerhalb von sich selbst. So wie der Bonsai versorgt wird, damit er nicht eingeht, muss auch das Wissen künstlich genährt werden, sodass es einen Sinn bekommt.

Wissen lässt sich etwa wunderbar nutzen, um Menschen einschätzbar, bewertbar und vergleichbar zu machen – egal ob in der Schule, in der Uni, beim Bewerbungsverfahren oder beim Einwanderungstest. Unsere ausgeprägte Prüfungskultur lebt davon, dass sie unsere abrufbare Wissensmenge in verwertbare Noten, Prozentzahlen und Highscores verwandelt.

Wissen als Mittel der Selektion findet sich allerdings nicht nur im Rahmen von Prüfungssituationen. So meinen unsere Vorstellungen von Intelligenz und Klugheit oft nichts anderes als das menschgewordene Wikipedia. Wissen ist in unserem täglichen Zusammenleben ein wichtiges Statussymbol. Was gibt es Befriedigenderes, als die aktuellen Zahlen und Fakten in eine angeregte Diskussion einzuflechten? Wie eine intellektuelle Handtasche wertet es die Erscheinung all der Menschen auf, die sich als besonders bildungsnah und kultiviert bezeichnen würden. Das Wort „Allgemeinwissen" beschreibt dies sehr treffend. In Buchhandlungen finden sich ganze Regale, die das Allgemeinwissen unserer Zeit beherbergen: Titel wie „Allgemeinbildung – Das muss man wissen" oder „Duden – Was jeder wissen muss: 100.000 Tatsachen der Allgemeinbildung" suggerieren, dass eine ausgewählte Wissensmenge einen universellen Wert hat. Und das wahrscheinlich gar nicht zu unrecht – zumindest wenn man den Forderungen des geschmeidigen Small Talks gerecht werden möchte.

Umgekehrt bedeutet das für die Nichtwissenden, eher als ungebildet und beschränkt wahrgenommen zu werden. Ein überraschtes „Das weißt du nicht …?" ist die befürchtete Reaktion auf unsere unangenehmen Wissenslücken. Es gibt ganze Fernsehsendungen, die Unwissen für ihre Unterhaltungszwecke nutzen. Dies lässt sich immer wieder in Beiträgen beobachten, in denen sich „dumme" Menschen mit ihrem fehlenden Allgemeinwissen blamieren. Der solide Zuschauer darf sich dann augenblicklich als intelligenter erleben, da „man" selbstverständlich weiß, dass Berlin die Hauptstadt Deutschlands ist.

Egal ob vor dem Bildschirm, beim Small Talk oder bei einer Prüfung: Hier bekommt Wissen seinen künstlichen Sinn, der ihm fehlte, wenn es keine persönliche Frage beantwortet.

Mit zunehmender Zweckentfremdung des Wissens wächst gleichzeitig seine Verarmung. Es ist dann so, als wenn man einem Papagei Sprechen beibringt. Der Vogel kann die Wörter aufsagen, und man wird ihn auch hören können. Aber tatsächlich hat der Papagei keine Ahnung von den Lauten, die er von sich gibt. Wie der Bonsai wird Lernen zu einer künstlichen Adaption seines Originals. Denn Wissen besteht ja nicht aus der Buchstabenabfolge, die sich im Lexikon aneinanderreiht: Es braucht vielmehr eine Persönlichkeit, die es hervorgebracht und geformt hat. Es ist ein großer Unterschied, ob Wissen tot in einem Buch steht oder von einem neugierigen Geist zum Leben erweckt wurde!

Apropos Bücher: Auch anhand des Lesens lässt sich der Unterschied beider Lernverständnisse erkennen. Im Sinne reiner Wissensmaximierung lernt der Leser, wenn er den Inhalt möglichst genau wiedergeben kann. Er hält die Kapitel auseinander und sagt auf, was der Autor geschrieben hat. Nach dem zweiten Lernverständnis stellen Bücher indessen einen Wert dar, weil sie das eigene Denken beflügeln. Tun sie dies nicht, werden sie zu Wörterbüchern für Papageien, die planlos vor sich her plappern.

Lernen als den Königsweg zur Allgemeinbildung zu verstehen, ist nicht nur fragwürdig, sondern bereits innerhalb seiner eigenen Maßstäbe beachtlich ineffizient. Laut Umfragen der freien Universität Berlin wissen mehr als 60 Prozent deutscher Zehntklässler nicht, wer die Berliner Mauer errichtete.[22] Fast die Hälfte der Befragten kannte Otto von Bismarck nicht. Und jeder Dritte hatte keinen Schimmer, wann der erste Weltkrieg war.[23]

Anstatt nun einmal mehr den nächsten PISA-Schock auszurufen, scheint es sinnvoller zu erkennen, dass sich das Konzept der Allgemeinbildung kaum in der Lebensrealität wiederfinden lässt. Denn auch der solide Bildungsbürger ist gar nicht so weit vom „pubertierenden Zehntklässler" oder „bildungsfernen Asi" entfernt, wie er vielleicht gerne annimmt: Wofür stehen die Erst- und Zweitstimme auf Ihrem Wahlzettel? Wie ist ein Atom aufgebaut? Was passierte beim zweiten Golfkrieg? Wie geht eigentlich nochmal eine schriftliche Division? Erhöhen wir nur ein wenig den Schwierigkeitsgrad der Fragen, können viele von uns froh sein, wenn keine Kamera von TV-Total in der Nähe ist ...

Statt einen universellen Wissensanspruch zu pflegen, scheint es lohnender, ihn gegen einen individuellen einzutauschen. Neben der Ersparnis gegenseitiger Demütigungen hat dies den entscheidenden Vorteil, dass Lernen vom Leben belohnt wird – belohnt durch eine neue Erkenntnis, ein einzigartiges Projekt, eine neue Fähigkeit, einen spannenden Gedanken, ein ideenreicher Austausch.

Während Büffeln für Anerkennung, Allgemeinwissen oder Prüfungen immer von äußeren Bewertungen abhängt, stiftet selbstständiges Lernen unabhängigen Sinn. Der französische Schriftsteller Antoine de Saint-Exupéry hat die überragende Rolle innerer Betroffenheit für unser Lernen wunderbar umschrieben. So lässt er seinen berühmten kleinen Prinzen feststellen: „Wenn du ein Schiff bauen willst, dann trommle nicht Männer zusammen um Holz zu beschaffen, Aufgaben zu vergeben und die Arbeit einzuteilen, sondern lehre die Männer die Sehnsucht nach dem weiten, endlosen Meer." Was Exupéry hier umschreibt, ist der Unterschied zwischen freiwilligem und erzwungenem Lernen – einem Baum und einem Bonsai.

Diese Unterscheidung ist so bedeutend, weil sie ebenso über ein würdevolles Lernen entscheidet: Erlebt man das eigene Wirken nur in den Maßstäben der Anderen, kann ja kaum etwas entstehen, wofür man sich selber auf die Schultern klopfen könnte; von äußerer Belohnung motiviert nimmt man lediglich entgegen, was man vorgesetzt bekommt. Wie soll man auch aus dem Konsum fremder Gedanken ein nachhaltiges Selbstvertrauen schöpfen, wenn man in der eigenen Lernleistung gar nicht vorkommt? Die Entwürdigung fremdbestimmten Lernens kann sich nur in Selbstvertrauen wandeln, wenn man sich selbst als Entdecker seines Wissens erleben darf. Hier kann Stolz entstehen und Eitelkeit befriedigt werden. Das Gefühl „Ich habe mir selbst eine Antwort gegeben" spielt eine überragende Rolle.

Denn so kann Vertrauen in die eigenen Fähigkeiten wachsen, das Mut für eine selbständige Bildung birgt.

Im übrigen entfaltet sich ein Lernverständnis, in dem das Vergessen kein Mangel mehr ist. Dem Feind jedes Allgemeinwissens kommt hier eine sinnvolle Funktion zu: Es macht erst die Fokussierung auf das aktuell Wichtige möglich. Der Zweck des Lernens ist nicht mehr die Zukunft einer Prüfungssituation, sondern die Gegenwart! Lernen kennt kein Ziel, an dem man irgendwann ankommen könnte; es ist ein Prozess, der Befriedigung schenkt, wenn es gelingt, Wissen zum Leben zu erwecken.

Mein Schulalltag bedeutet leider genau das Gegenteil. Das einzige was hier zum Leben erweckt wird, sind bestenfalls die Handys aus dem Ruhezustand. Wenn Hannes während des Unterrichts lieber an Hanteln denkt anstatt an Hausaufgaben, und Jacqueline Rekorde auf ihrem Smartphone knackt statt auf ihren Arbeitsblättern, dann hat das etwas damit zu tun, dass die Schule gelangweilte Papageien bildet statt lernkompetente Persönlichkeiten.

Wenn sich die Schule selber als „Ort des Lernens" ernst nimmt, kommt sie nicht umhin, ihr organisiertes Scheitern einzugestehen. Weshalb, sollen die folgenden Seiten erläutern.

Kapitel 8
Das Dilemma der Schule

Die Organisation der Bildung ist Sache der Bundesländer. Im Grunde gibt es somit 16 verschiedene Schulsysteme. Allerdings sind die Unterschiede überschaubar und überwiegend bürokratischer Art. Zwar dauert es in Thüringen bis zum Abi zwölf Jahre, während es in Rheinland-Pfalz dreizehn sind, und in Berlin und Brandenburg verbringt man sechs Jahre in der Grundschule statt der traditionellen vier, doch das grundlegende Selbstverständnis der Bundesländer gegenüber ihrer Aufgabe ist sehr ähnlich und vereint sich anschaulich in ihren Schulgesetzen. Hier einige Auszüge:

- „Sie (... Schulen) sollen Wissen und Können vermitteln sowie Geist und Körper, Herz und Charakter bilden."[24] (Freistaat Bayern)
- „Sie vermittelt Kenntnisse und Fertigkeiten mit dem Ziel, die freie Entfaltung der Persönlichkeit und die Orientierung in der modernen Welt zu ermöglichen."[25] (Rheinland-Pfalz)
- Schule soll „die freie Entfaltung der Persönlichkeit und Begabung fördern."[26] (Sachsen-Anhalt)
- „Sie soll dazu ermuntern, eigenständig zu denken."[27] (Schleswig-Holstein)
- „Der Unterricht soll die Lernfreude der Schülerinnen und Schüler erhalten und weiter fördern. Er soll die Schülerinnen und Schüler anregen und befähigen, Strategien und Methoden für ein lebenslanges nachhaltiges Lernen zu entwickeln."[28] (Nordrhein-Westfalen)

Der Tenor aus „selbstständigen Denken", „individuellen Lernen" und „Persönlichkeitsbildung" setzt sich auch außerhalb der Schulgesetze gerne fort. Welcher Kultusminister spricht heutzutage nicht von „Potentialentfaltung" oder „kompetenzorientierten Lehrplänen"? Und welcher Rektor hat nicht die Bildung von „Geist, Körper, Herz und Charakter" zur Grundlage seiner Bemühungen ausgerufen?

Denken wir zurück an unseren Baum, erscheint die Schule wie ein fruchtbarer Boden für ganze Wälder gelungenen Lernens. Denke ich jedoch an meinen Schulalltag, scheint mir das Lesen der Schulgesetze wie ein Ausflug in den Märchenwald. Stelle ich mir vor, ich würde im Unterricht Besorgnis über die „freie Entfaltung meiner Persönlichkeit" äußern, würden meine Mitschüler augenblicklich die Entgleisung meines Nervensystems vermuten, und die Lehrkraft müsste mich mit einem knappen Appell an meinen Realitätssinn aus meiner idealistischen Wolke holen. Wenn man die Unterrichtsrealität mit den kernigen Sätzen der Schulgesetze vergleicht, wirken diese wie ein Angriff auf menschliches Urteilsvermögen.

Vergegenwärtigen wir uns zunächst das Prinzip Schule: Mein Schultag besteht daraus, dass ich innerhalb eines Klassenraums mit fünfzehn bis dreißig Mitschülern auf einen Lehrer treffe. Innerhalb dieser Konstellation stellt der Lehrer den Mittelpunkt dar. Diese Erkenntnis drängt sich bereits bei einem Blick in die meisten Klassenräume auf: Wie in einem Theater sind Stühle und Tische auf das Pult hin ausgerichtet. Ob Frontalunterricht, Gruppenarbeit, Eigenarbeit, Partnerarbeit oder sonstige didaktische Einfälle: Die Lehrkraft gibt sowohl den Inhalt als auch den Rahmen für die inhaltliche Auseinandersetzung im Unterricht vor, da ihr beides vom Lehrplan diktiert wird!

Gerne wird der Befehlscharakter der Lehrpläne relativiert: Er sei ja nur die thematische Vorgabe für den Lehrer, die er jedoch individuell auf uns zuschneiden könne. Solche Aussagen haben allerdings eine ähnliche Qualität, als wenn man den Bewegungsspielraum in einem Käfig als Freiheit bezeichnete. Wie kann man selbstbestimmt lernen, wenn es einen Plan gibt, der die Selbständigkeit seitenlang vorschreibt?

Letztlich führt der Lehrplan dazu, dass der Lehrer schon im Sommer weiß, was er mit uns bis zum Winter gemacht haben wird. Ich gehe nun seit zwölf Jahren in die Schule und noch nie ist ein Lehrer ohne einen Plan in die Klasse gekommen. Was für Manchen das Gütesiegel verantwortungsvoller Pädagogik ist, stellt im Grunde das Problem dar: Denn ein Lehrplan und Lernen schließen sich gegenseitig aus! Lernen lässt sich weder anordnen noch vorschreiben – auch nicht mit dem ausgeklügeltsten Konzept. Vielmehr ist es genau das Gegenteil davon, dass irgendjemand bestimmt, was nun am besten zu tun wäre. Der entstehende Widerspruch zwischen Lernrealität und Schulrealität sorgt dafür, dass die Lehrer oft nervigen Staubsaugervertretern ähneln, die etwas erklären, das niemanden interessiert. Es ist offensichtlich, dass eine zusammengewürfelte Gruppe von Menschen kein einheitliches Interesse an einer Thematik aufbringen wird, die man ihr einem Plan folgend vorlegt.

Zweifellos wird es beim Glücksspiel des Interessenroulettes immer mal Treffer geben. Allerdings sind das keine Bedingungen, die allen ein erfolgreiches Lernen ermöglichen. Uns werden die Fragen schon vorgeschrieben, bevor wir sie überhaupt selbst entwickeln können! Neugier, Interesse und Leidenschaft prallen gegen ein statuiertes Thema. Das ist der Konflikt, der zwischen

Lehrern und Schülern allgegenwärtig ist und den simplen Kern des Schulproblems darstellt.

Persönliches Lernen verkommt zu einer Tätigkeit, die einen künstlichen Zweck braucht, um ihren Sinn zu erhalten. So ist nicht der Lernvorgang selbst, sondern eine Note die ultimative Antwort auf die Frage nach dem Schulerfolg geworden. Klassifiziert und fachgerecht unterteilt werden mir Inhalte präsentiert, die ich mir anschließend einverleibe, um den Anforderungen der Schule gerecht zu werden. So wird beim Schreiben einer Klausur derjenige belohnt, der möglichst viel Wissen abrufbereit im Kopf besitzt. Ähnlich ist es um die „mündlichen Mitarbeit" bestellt, welche die zweite Säule des Notensystems darstellt: Beteilige ich mich fleißig am täglichen Frage-Antwort-Spiel, steht der Eins nichts mehr im Wege.

Dieses „dem Bewertungssystem gerecht werden" bezeichnet die Schule als Lernen. Doch statt eines Baumes, der seine Äste in den Himmel reckt, entsteht ein Bonsai, der an den Drähten des Notensystems emporgezogen werden muss, damit überhaupt irgendetwas passiert. Während dieser Aufzucht dient Wissen nur noch als Mittel, wobei ich nicht lerne, sondern belehrt werde, nicht gestalte, sondern konsumiere, und nicht denke, sondern nachdenke, was andere vorgedacht haben. Lernen entspringt dann keiner persönlichen Relevanz, sondern wird zu einem Nachvollziehen fremder Denkprozesse innerhalb der Rhetorik sinnentleerter Wörter und Zahlen – der Papagei lässt grüßen.

Bedauerlicherweise ist im Gehirn die Halbwertszeit belangloser Symbole ziemlich kurz: Habe ich montags eine Klausur geschrieben, weiß ich am Freitag noch die Hälfte, und wenn ich nach drei Wochen die zurückgegebene Klausur überfliege, wundere ich mich immer wieder darüber, was ich mal alles gewusst habe. Nun ist es jedoch nicht so, dass wir Schüler an Demenz leiden. Vielmehr leidet die Schule an dem Missverständnis, Gehirne mit den allesfressenden Servern von Google und Amazon gleichzusetzen.

Die Austragungsweise dieses Missverständnisses wird in erster Linie vom Lehrer und seinen pädagogischen Kompetenzen bestimmt: So gibt es etwa Lehrer A, der unser Desinteresse in Ermangelung sozialen Geschicks bestmöglich ignoriert. Seine Stunden finden meistens vor einer zermürbenden Geräuschkulisse statt, die aus dem Getuschel über die letzte Party, dem kommenden Date oder der Planung des nächsten Wochenendes besteht.

Lehrer B zeichnet ähnliche pädagogische Unfähigkeit wie Lehrer A aus. Der Unterschied liegt im Umgang mit diesem Defizit. Statt beharrlicher Ignoranz entlädt er sich regelmäßig in wütigen Ausbrüchen, die sich in ihrem didaktischen Wert an einer Achtjährigen orientieren, die ihre kleine Schwester erziehen will: „*Ich* will nicht mein Abitur machen – *ihr* wollt was von mir, also verhaltet euch auch dementsprechend!" ist beispielsweise ein Klassiker, den wahrscheinlich jeder schonmal zu hören bekommen hat. Abgesehen von der kurzfristigen Wirkung derartiger Erziehungsversuche schreit einen die offensichtliche Hilflosigkeit nur so an – im besten Sinne des Wortes.

Lehrer C hat einen autoritären Charakter und besitzt die Fähigkeit, eine Vielzahl uninteressierter Schüler zu bändigen. Solche Unterrichtsstunden zeichnen sich durch einen niedrigen Geräuschpegel aus, der aber auch dem Konzentrationspegel entspricht. Was sich bei Lehrer A und B in hörbarer Unruhe äußert, hat bei Lehrer C eine geistige Abwesenheit zur Folge, die sich am eindrücklichsten bei einem Blick durch die Klasse erschließt.

Wollte man die Eigenschaften Desinteresse und Langeweile pantomimisch darstellen, könnte dies wohl niemand gelungener als ein Schüler in der Blüte seines Schaffens.

Lehrer D hat die bewundernswerte Fähigkeit, den gelehrten Inhalt mit seiner Persönlichkeit zu beleben. Dadurch wird der Unterricht spannend und authentisch, was vom Großteil der Klasse mit Aufmerksamkeit belohnt wird. Jeder kennt diese Menschen, die so eine wunderbare Fähigkeit haben zu motivieren, anzustacheln und zu begeistern. Sie verstehen es, ein Umfeld zu kreieren, in dem ihr Thema wichtig erscheint. Es wird lohnenswert eine Leidenschaft zu entwickeln, die über den Ehrgeiz für den eigenen Notenschnitt hinausgeht. Während die Sorge um das Zeugnis verblasst, können stattdessen Neugier und Lernlust in den Vordergrund rücken.

Die meisten werden es sicherlich schätzen, wenn begabte Lehrer in ihrem Stundenplan auftauchen. Doch auch beim besten Unterricht gibt es Schüler, die so wenig mit dem dargebotenen Wissen anfangen können, dass ihr Blick immer noch länger auf der Uhr als auf dem Lehrer ruht. Denn egal ob nun Lehrer A, B, C oder D – die Hauptrolle beim Lernen spielen die Lehrer und nicht wir Schüler. So ähnelt mein Schulalltag eher einem gut gemeinten Animationsprogramm am Hotelpool als einem Ort selbstbestimmten Lernens: Es gibt zweifellos bessere und schlechtere Animateure, inspirierende und langweilige Lehrer. Das ändert allerdings nichts an der Tatsache, dass wir keinen Einfluss auf die geistigen Verrenkungen haben, zu denen wir animiert werden.

Selbst die besten Lehrer können kaum richtig gut sein, solange sie als menschliches Verbindungsglied zwischen einem Lehrplan und verschiedenen Schülern fungieren müssen. Gleichzeitig können wir Schüler nicht das Lernen lernen, wenn wir es nicht gestalten dürfen. So scheitern wir an einem Schulalltag, der uns vorenthält, was jede selbstbestimmte Bildung braucht: Die Möglichkeit, das eigene Lernen zu entdecken und zu verantworten.

Kapitel 9
Der Beipackzettel des Schulsystems

Übelkeit, Erbrechen, Haarausfall, Schwäche ... Jede Packungsbeilage eines Medikaments verkündet seine Nebenwirkungen. Als solchen Beipackzettel lassen sich auch die folgenden Kapitel verstehen. Nur handelt es sich in unserem Fall um die Nebenwirkungen eines Schulsystem, in dem ein älterer Mensch die undankbare Aufgabe hat, zwanzig jüngeren planmäßig etwas beizubringen.

Unbeeinflussbare Pläne sind blöd für diejenigen, die sie betreffen. Wer verbringt schon freiwillig seine Jugend damit ständig zu tun, was Andere für richtig halten? Neben offensichtlichen Symptomen der Unzufriedenheit ist die schleichende Gewöhnung an eine bildungsferne Institution noch weitaus folgenreicher. Denn auch wenn der monotone Takt der Schulklingel das Schülerleben normal macht, bedeutet das nicht, dass die vielen Stunden im Klassenraum keine Spuren hinterlassen. Ganz im Gegenteil. Je monotoner der Alltag, desto tiefer prägt sich die Erfahrung ein, dass Bildung nichts anderes bedeutet als auf einem Stuhl zu sitzen und Arbeitsaufträge auszuführen. So entstehen Langzeitfolgen einer Unterrichtspraxis, die in ihrem Alltag als normal erscheint, in ihrer jahrelangen Routine jedoch Passivität, Ohnmacht und Abgabe von Eigenverantwortung hervorruft.

Sowohl die sichtbaren als auch verborgenen Nebenwirkungen solcher Bildungspraxis sollen die folgenden Seiten genauer beschreiben.

Beipackzettel des Schulsystems

Dosierung: *5 Tage pro Woche / 5 - 8 x 45 Minuten*
Dauer der Anwendung: *9-13 Jahre, abhängig vom Notenschnitt*
Zielgruppe: *Junge Menschen zwischen 6 und 18 Jahren*
Darreichungsform: *Frontalunterricht, Gruppenarbeiten, Arbeitsblätter, Referate, Hausaufgaben*
Anbieter: *Kultusministerien der Bundesländer*

Wirkstoff:
Ein Raum, in dem eine Gruppe junger Menschen auf einen Erwachsenen trifft, der festlegt, was richtig, falsch, wichtig, unwichtig, sehr gut, befriedigend oder ungenügend ist.

Anwendungsgebiete:
Zur symptomatischen Behandlung von Wissenslücken, für eine gesunde Allgemeinbildung und eine reibungslose Eingliederung in die Gesellschaft.

Nebenwirkungen:
Anpassung, Inhaltslosigkeit, Verlust der Neugier, Überbewertung, Demütigung, Orientierungslosigkeit, Masse statt Klasse, Verschlimmbesserungen, gute und schlechte Schüler, Missachtung der Lehrer.

Risikogruppe:
Ein erhöhtes Risiko für Nebenwirkungen besteht insbesondere bei Menschen, die eigene Pläne, Wünsche, Fragen und Ziele entwickeln und umsetzen wollen. Zudem zeigt sich eine gesteigerte Anfälligkeit für allergische Reaktionen während der Pubertät.

Für Risiken und Nebenwirkungen haften die Schüler.

Kapitel 9.1
Anpassung

Um den „höchsten deutschen Schulabschluss" zu machen, werde ich in zwölf Fächern unterrichtet. In neun dieser Fächer erbringe ich jeweils vier schriftliche Leistungsnachweise pro Schuljahr. In den übrigen drei Fächern sind es zwei. Zusammengezählt sind das zweiundvierzig Prüfungen im Jahr, die größtenteils aus schriftlichen Klausuren bestehen. Da natürlich erst etwas unterrichtet werden muss bevor man es abfragen kann, fallen die Prüfungstermine regelmäßig in den selben Zeitraum. Während zu Beginn und Ende des Schuljahres eher weniger zu tun ist, ergeben sich in der Mitte des Jahres also regelmäßig Prüfungsperioden, in denen es nicht ungewöhnlich ist, drei Klausuren in der Woche zu schreiben. Für alle, bei denen die Schulzeit schon länger her ist, möchte ich diese Prozedur nochmals aufleben lassen.

Die Schulwoche beginnt Montagmorgen mit einer Bioklausur. Nachdem der Lehrer die Aufgabenblätter ausgeteilt hat folgt das, was man in Deutschland mit dem Begriff Prüfungssituation umschreibt: Fünfundzwanzig Köpfe über ihre Tische gebeugt, bei dem stressigen Versuch, das erlernte Wissen auf die gestellten Fragen zu sortieren.

Nach zwei Stunden hält die kollektive Erleichterung über das Ende der Klausur nicht lange an, denn am Mittwoch folgt schon die nächste. Diesmal geht es um Kurvendiskussion. Diejenigen, die Abi gemacht haben und sich gerade fragen, wie man Scheitelpunkte, Tangenten und Asymptoten berechnet, können sich in der Annahme bekräftigt fühlen, dass Lernen und Schule nicht so gut zusammenpassen.

Die letzte Klausur der Woche schreibe ich vierundzwanzig Stunden später über die Epoche der Romantik. Es geht um die Interpretation eines Gedichts von Novalis. Da der Operator „interpretieren" nichts anderes meint als Versmaß, Reime, Metrum und stilistische Mittel aus dem Gedicht herauszufiltern, arbeite ich mich gestresst durch das sprachliche Kunstwerk und bin froh, dass ich mit der vorgegebenen Zeit halbwegs auskomme. Als ich den Klassenraum verlasse, macht sich bei uns Schülern ein Gefühl der Leichtigkeit breit, das vor fünf Tagen kaum vorstellbar war. Wir haben die Klausuren hinter uns gebracht.

Wie sich indessen die beschriebene Woche auf das Zeugnis auswirkt, ist natürlich bei jedem unterschiedlich. Will man ein guter Schüler sein, muss man zweifellos Zeit in die Anforderungen der Schule investieren. Allerdings steht die erforderliche Arbeit oft im Widerspruch zu einer spannenderen Gestaltung des Nachmittags. So hängt der Schulerfolg maßgeblich von der Fähigkeit ab, andere Impulse unterdrücken zu können

Das Maß an Selbstdisziplin entscheidet auch darüber, ob man einen Spickzettel anfertigen muss oder nicht. Hat man wenig gelernt, schreibt man eher einen „Spicker", da es egal ist, ob man nun wegen Unwissens oder des gescheiterten Betrugsversuchs eine Sechs bekommt. Die Mehrheit von uns entscheidet sich jedoch nicht für das riskante Abschreiben, sondern für eine Form der Klausurvorbereitung, die so raffiniert ist wie zehn Stunden Fließbandarbeit. Das Produkt dieser geistigen Maloche ist ein „Lernzettel", der das geforderte Wissen kompakt wiedergibt, und dessen Inhalt kurz vor Beginn der Klausur nervös vor sich hergebrabbelt wird. Der verinnerlichte Lernzettel wird dann während der Klausur in die jeweiligen Aufgabenstellungen eingebaut, und nach zwei Stunden und einem Krampf in der Schreibhand verlässt man erlöst den Klassenraum.

Doch wovon erzählen diese Erfahrungen, die so viele Schüler mit mir teilen? Frage ich mich, was ich in einer solchen Woche gelernt habe, ist es weniger das Verständnis der Proteinbiosynthese, der Kurvendiskussion oder der fachgerechten Interpretation eines Gedichts. Vielmehr könnte man von einer mehr oder weniger gelungenen Anpassung an die vorgefundenen Anforderungen sprechen, hinter der der Wille steckt, mit möglichst geringem Aufwand die bestmögliche Note zu erzielen. Dabei entwickeln wir Schüler vielmehr die Eigenschaften eines Krisenmanagers als die eines Lernenden. Denn wir gestalten nicht unser Lernen, sondern bewältigen eine Klausur nach der anderen. So entsteht ein hocheffizientes Management des kleineren Übels, das sich an den äußeren Anforderungen orientiert, anstatt an eigenen Gedanken, Plänen oder Zielen.

Diese Form der Problembewältigung ist auch außerhalb des Klassenraums populär. So bietet etwa die deutsche Atompolitik der letzten Jahre eine passende Analogie zum Krisenmanagement meines Schulalltags. Hier ein kurzer Überblick: Nachdem im Jahr 2000 der Ausstieg aus der Atomenergie verkündet wurde, beschloss die neue Bundesregierung 2010 den Ausstieg aus dem Ausstieg. Sieben Monate später, nach der Reaktorkatastrophe in Fukushima, änderte die Regierung jedoch ihre Meinung. Es kam gewissermaßen zum Ausstieg aus dem Ausstieg aus dem Ausstieg. Planlos orientierte man sich an den aktuellen Ereignissen, ohne irgendeine inhaltliche Strategie. Das Ergebnis des ganzen Prozesses war ein charakterloses Wirrwarr, das langfristig keinen zusammenhängenden Sinn erkennen ließ.

Ähnlich geht es mir in den Hochzeiten meiner Bildungslaufbahn: Ich hetze von einer Klausur zur nächsten, und am Ende herrscht nur noch ein Chaos von Teilwissen, mit dem ich ein gutes Zeugnis erlange, aber keine nachhaltige Bildung. Ziellos angepasst an den Takt äußerer Umstände irre ich durch das Schuljahr und kann mich an Ostern nicht mehr daran erinnern, was ich vor Weihnachten gemacht habe.

Doch warum machen wir Schüler überhaupt den ganzen Zirkus mit? Klar, Politiker bekommen Geld und Aufmerksamkeit für ihre Arbeit - doch was ist mit den Schülern?

Hier lohnt sich ein genauerer Blick auf die Autorität, die die Schule als Institution ausübt. Erich Fromm hat sich darüber Gedanken gemacht: So unterschied er äußere Autorität von anonymer Autorität. Im Gegensatz zur äußeren Autorität, die sich offenkundig auf Doktrin oder totalitäre Systeme berufe, sei die anonyme Autorität als Normalität, gesunder Menschenverstand oder als öffentliche Meinung getarnt.[29] Letztere Form der Autorität lässt sich leicht mit der Schule in Verbindung bringen: Schule übt auf uns Schüler äußere Autorität in Form von unbeeinflussbarem Unterricht aus, die, von der Freiheit der eigenen Zukunftsgestaltung legitimiert, anonym wird. Der beliebte Satz: „Wenn du ein gutes Abi haben willst, dann tu doch einfach mehr für die Schule!" spiegelt diese Haltung passend wider. Denn unter dem freiheitlichen Deckmantel dieser Aussage versteckt sich die Voraussetzung, die Spielregeln der Schule zu akzeptieren.

So entsteht in uns Schülern eine Spannung zwischen Wollen und Tun, die ihr Ventil oft in einer mehr oder weniger gelungenen Anpassung an die Schule findet: Einerseits möchte ich einen guten Abschluss erreichen, um meine berufliche Zukunftsperspektive zu verbessern und den Ansprüchen meines Umfelds zu genügen. Andererseits bin ich nicht an der Aneignung des dargebotenen Lerninhalts interessiert, der jedoch Voraussetzung für einen guten Abschluss ist. Aus dieser Unstimmigkeit resultiert Anpassung.

Nun ist Anpassung nicht unbedingt schlecht. Die Fähigkeit, eigene Fragen und Gedanken an Andere anzugleichen bietet sicherlich eine große Bereicherung. Sie dient wechselseitiger Ergänzung, Kritik und Inspiration vor dem Hintergrund persönlicher Beteiligung.

Im Klassenraum bedeutet Anpassung indessen Orientierung an der Autorität Schule und ihrer Bewertungskriterien. Man lernt nicht mehr für sich selbst, sondern für das Zeugnis. Und mit wachsender Fixierung auf eine Autorität geht gleichzeitig immer auch Abschiebung von Verantwortung einher. So entwickelt man als Schüler eine Haltung, welche die Schule für das eigene Lernen verantwortlich macht: „Der Lehrer hat uns nicht richtig auf die Klausur vorbereitet!", „Sven lenkt mich immer ab!", „Die ständigen Gruppenarbeiten liegen mir einfach nicht!", „Außerdem werde ich im Unterricht immer ausgerechnet dann drangenommen, wenn ich die Antwort mal nicht weiß – doch melde ich mich, ignoriert mich der Lehrer ..." Jeder wird den endlosen Kanon der Beschwerden und Rechtfertigungen kennen. Dabei sind wirre Entschuldigungen letztlich nichts anderes als das Symptom abgegebener Lernverantwortung. Man kann es auch so sehen: Als Entschädigung für einen autoritären Lehrplan dürfen wir uns bei schlechten Noten wenigstens über die Schule aufregen.

Unabhängig vom Ausmaß des Ärgers bleibt eine Form blinder Anpassung, die aus Lernen ein Werkzeug der Unterordnung macht. Was am Ende bleibt, ist die fragwürdige Fähigkeit, Inhalte mit wenig Aufwand kurzzeitig reproduzieren zu können.

Kapitel 9.2
Inhaltslosigkeit

Vor sechs Wochen stand ich nervös vor meiner Klasse. Ich hatte eine meiner Lehrerinnen um eine Unterrichtsstunde gebeten, in der ich mit meinen Mitschülern über unsere ungünstige Rolle im Schulsystem sprechen wollte. Zu Beginn fragte ich, wer sich für den täglichen Unterricht interessiere: Niemand meldete sich. Da diese Reaktion erhoffter Wind auf meine didaktische Mühle war, hielt sich meine Überraschung in Grenzen. Viel einprägsamer war mir jedoch die allgemeine Gleichgültigkeit gegenüber dieser Erkenntnis. Als sei es das Normalste der Welt, dass Schule uninteressant ist, nahmen meine Mitschüler diese Information mit ähnlich emotionaler Beachtung auf, als hätte die Mathelehrerin uns gerade den Nutzen des Koordinatensystems erklärt.

In der folgenden Doppelstunde waren wir uns schnell einig, dass unser Alltag keine optimalen Lernbedingungen bietet: Von Wut auf einzelne Lehrer über langweiligen Unterricht bis hin zu einer grundsätzlichen Kritik am Schulsystem füllte sich die Zeit mit unserer Unzufriedenheit. Während wir am Ende der Stunde unsere Sachen zusammenpackten, fragte eine Mitschülerin irritiert, was denn die ganze Diskussion jetzt gebracht habe. Ich kann mich noch gut an diese Frage erinnern, weil sie exemplarisch für unsere geistige Entfernung zu allem steht, was im Klassenraum besprochen wird. Statt einer Diskussion um ihren eigenen Schulalltag einen Platz einzuräumen, entstand stattdessen die Frage nach ihrem Sinn. Was soll eine Stunde bringen, wenn sich ihr Output nicht auf den Bogen einer Klausur schreiben lässt?

Mit Blick auf den Unterrichtsalltag ist hierbei eines beachtlich: Alle Schüler, die ergebnisorientiert den Unterrichtsstoff wiederkäuen, werden ähnlichen Erfolg haben wie diejenigen, die den Inhalt mit all ihren Sinnen wirklich durchdringen. Bestätigt von einer positiven Zensur denken beide, dass sie verstehen.

Dabei ist das Bemerkenswerte, dass den Reproduzierenden der potentielle Raum genommen wird, das spannende, relevante und lohnende des Stoffs zu entdecken, weil sie davon ausgehen, bereits verstanden zu haben. Die Folge von solchem „Verständnis" ist bestenfalls Gleichgültigkeit. Schlimmstenfalls wird aus Philosophie ein Referieren von Gedanken, aus Mathematik eine Sammlung von Formeln, und aus Geschichte ein Berg von Jahreszahlen.

Diese Verarmung erweitert sich gleichzeitig auf die Schule als Institution: Thomas Mann, dessen Texte fester Bestandteil der Deutschlehrpläne sind, liefert ein passendes Beispiel. So schrieb er über seine Schulzeit: „Ich verabscheute die Schule und tat ihren Anforderungen bis ans Ende nicht Genüge – aus einem eingeborenen lähmenden Widerstand gegen von außen kommende Anforderungen, den ich später nur mühsam zu korrigieren gelernt habe. Was ich an Bildung besitze, vermochte ich mir nur auf freiem und autodidaktischen Wege zu erwerben und nahm vom amtlichen Unterricht fast nichts an als das Elementarste."[30]

Wahrscheinlich ist es gar nicht so schlecht, dass der Mann nicht mehr erleben muss, dass seine eigenen Texte zu jenen ungeliebten „von außen kommenden Anforderungen" mutiert sind, und nun ganze Generationen nerven. Bei solcher Ironie erscheint es nur konsequent, dass sich heute ein Dutzend Schulen mit dem Namen Thomas Manns schmücken.

Es sind also nicht unbedingt die Inhalte, an denen der Schulalltag leidet, sondern der Zugang zu ihnen. Hier verkümmern die interessantesten Dinge zu einer Hürde auf dem Weg zu einem gelungenen Zeugnis. Man stelle sich vor, wir würden den in jedem Lehrplan manifestierten Wahlspruch der Aufklärung „Habe Mut, dich deines eigenen Verstandes zu bedienen!" ernst nehmen …

Stattdessen wird jener Satz zu einem Teil eines Bildungskults, der Inhalte völlig entfremdet von ihrer Bedeutung in die Lehrbücher der Schulen druckt.

Kapitel 9.3
Verlust der Neugier

Galilei, Newton, Darwin, Curie, Einstein ... Jede einzelne dieser Koryphäen hat unsere heutige Zeit mit ihren Ideen, Gedanken und Experimenten beispiellos geprägt: Egal ob in der Physik, Chemie oder Biologie. Neben ihrem beachtlichen Einfluss auf unser Weltverständnis, vereint diese Menschen ihre leidenschaftliche Neugier. Sie waren Pioniere und Gestalter ihrer eigenen Fragen. In der heutigen Schule wären sie jedoch die Sklaven fremder Fragen. Wahrscheinlich wäre Newton zum Rebellen geworden, Einstein zum Hyperaktiven und Darwin zum Naturfreak.

Es ist beachtlich, dass gerade die Menschen, auf deren Erkenntnissen die Schule ihre Gebäude errichtet hat, auf ihre nackten Theorien, Formeln und Zahlen reduziert werden. Denn ihr ursprünglicher Antrieb bestand ja nicht darin, wohlklingende Lehrsätze zu formulieren, sondern den Wissensdrang zu befriedigen, der hinter dem scharfen Verstand dieser wissenschaftlichen Größen brodelte.

Anstatt Neugier als ultimative Droge der Erkenntnis zu nutzen, wird sie im Schulsystem strukturell ignoriert. Nimmt man im Unterricht die eigenen Fragen wirklich ernst, stößt man schnell auf Grenzen: „Das sprengt jetzt aber wirklich den Rahmen des Unterrichts!" höre ich dann häufig. Pädagogisch geschickter, aber inhaltlich identisch, ist folgende Reaktion: „Ich finde es super, dass Sie sich dafür interessieren, und ich kann Ihnen auch gerne einige Bücher empfehlen, aber jetzt müssen wir weitermachen!"

Zweifellos freut es die meisten Lehrer, wenn man sich für ihr

Fach interessiert. Aber über ein nettes Gespräch am Rande der Stunde führt diese Anteilnahme nicht hinaus. Scheint auch nachvollziehbar: Denn je besser die Antwort des Lehrers auf die Neugier wäre, desto mehr Überstunden müsste er machen. Neugier ist eine Eigenschaft, die keinen Wert in den Bewertungsparametern der Schule darstellt und somit auch irrelevant für die Funktion des Lehrers wird. Denn wir Schüler werden nicht an unseren Fragen, sondern an unseren Antworten bemessen. Diejenigen, die neugierig sind, halten den Unterricht auf und wirken wie Fremdkörper inmitten von Schülern, die sich bereits mit ihrer Rolle als Bildungskonsumenten abgefunden haben.

Das Paradoxe ist, dass die Schule gleichzeitig das Ergebnis der Neugier von uns einfordert – nämlich Erkenntnisse, die sich als geschliffene Sätze auf die Papiere einer Klausur schreiben lassen. Dass Erkenntnisse auf einen vorausgegangen Willen angewiesen sind, wird dabei völlig ignoriert. Ähnlich wie Galilei ohne Neugier kein Trägheitsprinzip erdacht hätte, so kann es auch ein Schüler heute nicht nachvollziehen, wenn es für ihn keine unmittelbare Frage beantwortet. Oder direkt mit Galileis Worten ausgedrückt: „Die Neugier steht immer an erster Stelle eines Problems, das gelöst werden will." Gibt es allerdings keine Probleme, die gelöst werden wollen, entsteht auch keine Neugier. Was Galilei als interessante Herausforderung sah, sehen die meisten Schüler als nervige Formel, die einem den Nachmittag versaut.

Dabei bringen wir genug Neugier mit, die wir zum Lösen unserer eigenen Probleme und Fragen bräuchten. Es gibt wahrscheinlich kein besseres Beispiel für ausgelebte Neugier als uns selbst vor der Einschulung. Wir entdeckten und erforschten unsere Umgebung, und nervten die Erwachsenen so lange mit unseren Fragen, bis wir eine befriedigende Antwort bekamen.

Was die Psychologie als Explorationsverhalten bezeichnet, ist das so Wertvolle, das alle Menschen in sich tragen, wenn sie auf die Welt kommen.

Vor dem Hintergrund dieses Gedankens machte meine Lehrerin neulich eine spannende Bemerkung: „Wenn ich eure Interessen wirklich ernst nehmen würde, dann hätte ich nach der ersten Stunde zwei Playstations und vier Flatscreens im Klassenraum stehen und wir würden uns nur noch über Haare, Handtaschen und Handys unterhalten." Wahrscheinlich lag sie mit ihrer Einschätzung gar nicht so falsch. Ich wäre zumindest der erste gewesen, der die Playstation aufgebaut hätte. Was in unserer Unterhaltung allerdings als Argument gegen einen interessenfixierten Unterricht dienen sollte, wandelt sich bei näherer Betrachtung in sein Gegenteil. Denn Desinteresse ist das Ergebnis einer Schule, die jahrelang an unseren Interessen vorbei unterrichtet hat. Schule ist eine Müllhalde von Antworten, denen die entsprechenden Fragen fehlen. Gemästet mit Antworten verwandelt sich die Neugier in ihr Gegenteil. Aus Interesse wird Desinteresse, aus Lernlust Ablehnung und aus Neugier werden begradigte Lehrsätze, die wir gelangweilt nachschwätzen.

Das Meinungsforschungsinstitut Fact befragte 2013 Schülerinnen und Schüler bundesweit nach ihrem Spaß am Lernen. Dabei zeigt die Studie, dass die Lernfreude mit fortschreitender Schulzeit deutlich abnimmt. Antworteten noch 53 Prozent der Sechsjährigen, dass ihnen das Lernen immer Spaß mache, sind es bei den Dreizehnjährigen nur noch 6 Prozent.[31]

Ich kann mich selbst noch ganz gut an meine frühe Schulzeit erinnern: Als ich eingeschult wurde, wollten viele von uns möglichst schnell lesen, schreiben oder rechnen können. Nach dreizehn Jahren Schule muss man sich hüten, auf dem Schulhof

freiwillig über Deutsch oder Mathe zu reden, wenn man nicht den Verdacht einer geistigen Störung erwecken will.

Viele Schüler kommen mit leuchtenden Augen in die Schule aber feiern eine der größten Partys ihres Lebens, wenn sie mit dem Laden nichts mehr zu tun haben müssen.

Kapitel 9.4
Überbewertung

„Herr Lehrer!? Können wir heute Notenbesprechung machen?" Eine Frage, die sich besonders kurz vor den Ferien wachsender Beliebtheit erfreut. Neben dem Interesse zu erfahren, was man denn nun für die Mühen der letzten Monate bekommen wird, entsteht der Wunsch nach Notenbesprechungen oft aus ganz pragmatischen Gründen. Denn da der Lehrer den Raum verlässt, um jedem Einzelnen seine Note mitzuteilen, fällt der Unterricht für die betroffene Stunde flach.

Aus der geselligen Heiterkeit im Klassenraum wird jedoch schnell eine gespannte Stimmung, wenn man selbst an der Reihe ist. Draußen angekommen beginnt der Lehrer dann mit einem kurzen Resümee der erbrachten Leistungen, um daraufhin jene Ziffer zu verraten, die von „sehr gut" bis „ungenügend" den Erfolg des vergangenen Halbjahres absteckt.

Abhängig von der genannten Note gibt es verschiedene Möglichkeiten der Reaktion. Der Klassiker ist sicherlich der spontane Heulkrampf. Es wäre schließlich nicht das erste Mal, dass der Lehrer den vorwiegend weiblichen Emotionen erliegt und die betrübende Note aufbessert. Eine weitere Möglichkeit liegt im Notenhandel. Wie auf einem Basar kann hier durch kluges Argumentieren die Bilanz aufgebessert werden. Manchmal sind solche Optimierungsversuche aber auch gar nicht nötig. Ganz im Gegenteil. So kommt es mitunter vor, dass man nicht von schlechtem, sondern von positivem Feedback überrascht wird. Froh über die unverhoffte Einschätzung, schämt man sich beinahe für einen Lobgesang auf Leistungen, von denen der

Lehrer mehr weiß als man selbst. Doch was ist es eigentlich, was hinter diesem Trubel um die Noten steckt und wozu genau sollen sie überhaupt dienen?

Offenbar ist es ihr Job, eine schwierige Frage einfach zu beantworten: nämlich die nach dem Lernerfolg. So dient das Zeugnis als Feedback, mithilfe dessen wir erkennen können, worin wir gut sind und woran wir noch arbeiten müssen.

Soweit die Theorie. Aus der Schülerperspektive sieht es allerdings anders aus. Statt hilfreicher Leistungsanalyse bedeuten Noten vor allem emotionale Selektion. Dahinter steckt ein Bewertungssystem, das seinen Maßstab in erster Linie dem Vergleich verdankt. Was wäre die Eins in Englisch noch wert, wenn sie jeder haben könnte? Ein solches System besitzt keinen Eigenwert: Ob „sehr gut" oder „ungenügend" hängt in erster Linie vom Umfeld ab, in dem der Vergleich entsteht. Dieser Gedanke lässt sich ebenso auf den Vergleich zwischen Schulen und Ländern erweitern. Die PISA-Studie ist wahrscheinlich das beste Beispiel. PISA (engl. Programme for International Student Assessment) ist der aufwendige Versuch, die Schulleistungen international zu vergleichen. Wirft man einen Blick auf die Ergebnisse, wird erkennbar, dass nahezu in allen Disziplinen (Mathematik, Naturwissenschaften und Lesekompetenzen) die ostasiatischen Länder einsame Spitzenreiter sind, während Deutschland im Mittelfeld rangiert.[32]

Nun brauche ich nicht viel Fantasie, um mir vorzustellen, wie ich vom guten Schüler in Deutschland zum leistungsschwachen Problemfall in Peking werden würde. Schon deshalb, weil asiatische Schüler sehr viel mehr Zeit für die Schule aufwenden als deutsche. So dauert etwa der durchschnittliche chinesische Schultag 8,6 Zeitstunden, während selbst deutsche Ganztagsschulen nicht an diesen Wert herankommen.[33] Ob man nun als guter oder schlechter Schüler gilt, hängt primär vom Umfeld ab, innerhalb dessen die Bewertung entsteht.

Das wesentliche Problem der Noten zeigt sich jedoch erst darin, dass sie die ultimative Kennziffer des Erfolgs sind. Man muss sich nur ihren Stellenwert im Leben des einzelnen Schülers vergegenwärtigen, um ihre überragende Bedeutung zu verstehen: Bereits innerhalb der Klassengemeinschaft beeinflusst der Notenschnitt, ob man als brillentragender Streber oder mieser Bad-Boy gilt. Außerhalb der Schule setzt sich diese Einordnung fort. Egal ob es die Frage der Eltern nach den letzten Klausurergebnissen ist, die Meinung der Großeltern über die Tüchtigkeit ihrer Enkel oder der Notenschnitt des Abschlusses, mit dem man in die Arbeitswelt entlassen wird: Noten sind die universale Antwort auf die Frage, was man in der Schule geleistet hat. Zuletzt übernimmt der Schüler selbst diese Maßstäbe und bestimmt seine eigene Leistung, die eigenen Fähigkeiten und sogar einen Teil seines Selbstwerts anhand seiner Noten.

Es ist offensichtlich, dass dies eine unabhängige Einschätzung des persönlichen Lernerfolgs erschwert. Den Wert einer Leistung gibt das System mit seinen Bewertungskriterien vor und nicht der Lernende selbst, da seine Meinung keinen messbaren Einfluss hat. Aus Noten, die ursprünglich einer konstruktiven Rückmeldung dienen sollen, ist eine überdimensionale Selektionsmaschinerie geworden, deren Output eine Ziffer ist, die den Wert der Lernleistung bestimmt.

Wie soll dabei ein nachhaltiges Selbstvertrauen in das eigene Lernen entstehen, wenn uns die Noten mit ihrer universellen Macht bevormunden? Anstelle eines Gefühls für die eigenen Stärken und Schwächen tritt eine Hörigkeit gegenüber den Noten und den Propheten, die sie verkünden. Wenn in der dreizehnten Klasse noch gefragt wird, ob man das ausgeteilte Arbeitsblatt mit dem Textmarker markieren darf, das Datum auf der Klausur links oder rechts zu stehen hat, oder welche Farbe der Fachordner haben soll, verdeutlicht dies die Abgabe des eigenen Verstands am Eingang des Schulgebäudes.

Statt selbständig einzuschätzen, was wichtig ist, folgen viele von uns blind den Strukturen, die sich für das Zeugnis am lohnendsten herausgestellt haben. Und wenn es die Farbe des Hefters ist …

Kapitel 9.5
Demütigung

Mit vierzehn begann ich das erste Mal wahrzunehmen, dass die Schule und ich nicht zusammenpassen. Aus zunehmender Wut gegen alle, die sich für meine Bildung verantwortlich fühlten, begann ich alles abzulehnen, was mit dem Klassenraum zu tun hatte. Ich erbrachte nur noch „mangelhafte" Leistungen, hasste einen Großteil meiner Lehrer und ließ keine Möglichkeit aus, dem Unterricht zu entfliehen.

Auch wenn sich mein Hass mittlerweile größtenteils in Verständnis gewandelt hat, ist ein gewisses Grundgefühl gegenüber der Schule bestehen geblieben. Und wie ich heute zu verstehen glaube, besteht es vor allem aus Demütigung und Enttäuschung.

Wie kann ich mich ernstgenommen fühlen, wenn ich täglich vor einem Erwachsenen sitze, der irgendetwas redet, völlig unabhängig von meinen Fragen, Problemen und meiner Lebensrealität? Aus Schülerperspektive gibt es eigentlich nur zwei Möglichkeiten der Reaktion: Entweder beuge ich mich dem organisierten Einverleiben von Wissen oder ich verweigere mich und werde mit schlechten Noten bestraft. Dabei sind sich der „gute" und der „schlechte" Schüler näher als man vielleicht denkt. Denn selbst wenn ich den Bewertungsstrukturen des Systems gerecht werde, ist dies für mich immer noch nicht nahrhaft, da mir ja all die Mühen nie eine echte Befriedigung verschafft haben. Es ist letztlich unwichtig, ob ich nun gute oder schlechte Noten habe. Denn die wesentliche Erfahrung besteht darin, dass die eigenen Wünsche, Interessen und Impulse nicht mit den

Forderungen übereinstimmen, die die Schule an mich stellt. Stattdessen muss man sich zusammenreißen, disziplinieren und anpassen. Es ist das Gefühl, dass die eigene Person nicht passt, ja fast unerwünscht ist, das sich in die Erfahrungswelt vieler Schüler einbrennt.

So ist es nicht verwunderlich, dass es wahrscheinlich nur wenige Institutionen gibt, die innerhalb ihrer eigenen Mitglieder einen schlechteren Ruf haben als die Schule. Sobald der Schüler die Erfahrung macht, dass seine Person gegen langweiligen Unterricht ausgetauscht wird, erstreckt sich ein weites Feld der Unzufriedenheit, das jeder auf seine Weise beackert: Umfragen der Leuphana Universität in Lüneburg zufolge berichtet fast jeder dritte Schüler von depressiven Stimmungen. Jeder Zehnte sei in den letzten Monaten Opfer von Gewalt in der Schule gewesen.[34] Die Entwicklungspsychologin Mechthild Schäfer spricht von einer halben Million Schülern, die sich als Opfer von Mobbing erleben.[35]

Auch wenn die Gründe für diese Zahlen sicherlich nicht nur in der Schule zu finden sind, scheinen sie doch die logische Schlussfolgerung eines Systems zu sein, das uns Schülern falsche Fragen stellt und darauf verzweifelte Antworten bekommt. Wie könnten sich Schüler gegenseitig mobben und verprügeln, wenn ihre Taten nicht ein Abbild ihrer eigenen Langeweile und Unzufriedenheit wären? Wie könnten Schüler unter depressiven Verstimmungen leiden, wenn sie nicht die Erfahrung gemacht hätten, dass die wichtigen Dinge gegen den Stundenplan keine Chance haben?

Statt die vorhandenen Fähigkeiten auf das Lernen zu richten, wird ein großer Teil der Energie darauf verwendet, gegen das System zu rebellieren. Es ähnelt einem stummen Hilferuf, bestehend aus dem Schnippen von Papierkugeln, angehäuften Entschuldigungszetteln, „vergessenen" Hausaufgaben und stetigen Machtkämpfen. Es ergeben sich unzählige Kompensationsventile, aus denen zuletzt nur das Bedürfnis pfeift: Schaut mich an, nehmt mich ernst als den, der ich sein will!

Innerhalb ihrer Maßstäbe kann die Schule auf diese Forderung nur eine Antwort geben: „Du hast schlechte Noten? Dann lern mehr!" Es ist offensichtlich, dass ein solcher Appell einen ähnlichen Wert hat, wie wenn man einem Übergewichtigen rät, mehr Sport zu treiben. Statt Hilfe erleben viele erneut Versagen und Demütigung: Was eigentlich eine normale Reaktion auf uninteressanten Unterricht ist, wird uns zum Verhängnis, da die Schule aus dem Scheitern an ihren Forderungen auf unsere Unfähigkeit schließt. So kann ein Kreislauf der Demütigung entstehen, durch den sich so mancher bis zum Ende seiner Schulzeit unglücklich hindurchquält.

Kapitel 9.6
Orientierungslosigkeit

„Und? was machst du so nach dem Abi?" Eine nicht allzu aufregende Frage, da man oft die selbe Antwort bekommt: „Keine Ahnung!" Mir geht es da nicht anders. So war und bin ich immer noch unsicher, wie ich mich in den arbeitenden Teil der Gesellschaft eingliedern möchte.

Die Frage nach der Zukunft selbstständig beantworten zu können, ist sicherlich ein ungemein wertvolles Privileg meiner Generation. Ob Studium, Ausbildung, freiwilliges soziales Jahr oder ein Auslandsaufenthalt. Es ergeben sich unzählige Möglichkeiten. Doch warum fällt es vielen so schwer, eine Entscheidung über die Zeit nach dem Schulabschluss zu fällen?

Dieses Luxusproblem hat wahrscheinlich zwei Gründe. Der erste verbirgt sich hinter dem bestimmenden Merkmal der Entscheidungsfreiheit: Sie macht Angst, da man mit sich selbst konfrontiert wird. Die Verantwortung der Entscheidung lässt sich nicht mehr auf eine Autorität oder ein System abschieben: Man ist selbst verantwortlich – einschließlich aller Konsequenzen. Dabei ist es einleuchtend, dass die Kenntnis der eigenen Person Voraussetzung für jeden förderlichen Umgang mit Freiheit ist. Wie sonst soll man die Frage nach der eigenen Zukunft beantworten, wenn man sich seiner selbst nicht bewusst ist? Das Schulsystem fand die Antwort auf diese Frage in einem Computer der Arbeitsagentur, was mich zum zweiten Grund für die Orientierungslosigkeit meiner Generation führt: der Schule.

Die folgende Erfahrung war zum einen ihr engagiertester Versuch, mich in meiner Zukunftsgestaltung zu unterstützen und

gleichzeitig auch der kläglichste: In der neunten Klasse musste ich wegen meiner schlechten Leistungen auf der Gesamtschule die Hauptschulprüfung ablegen, um zur zehnten Klasse zugelassen zu werden. Für alle „Hauptschüler" war ein Besuch beim Berufsinformationszentrum der Arbeitsagentur Pflicht. Im „BiZ" angekommen wurde uns zunächst etwas über berufliche Perspektiven, Arbeitsmarkt und Bewerbungsmappen erzählt. Während der erste Teil unseres Besuchs wohl nicht sehr einprägsam war, kann ich mich noch gut an den zweiten erinnern. Jeder Schüler hatte nun die Möglichkeit, von einem Computer zu seinem Traumberuf geführt zu werden. Dazu brauchte man nur einige Fragen vor dem Bildschirm zu beantworten, die etwa folgende Tiefenstruktur aufwiesen: „Mit welchem Material arbeiten Sie lieber? A: mit Metall, B: mit Holz oder C: mit Ton". Klickte man Holz an wurde man Tischler, klickte man Metall an, wurde man Schweißer, und man ahnt schon, was passierte, wenn man C auswählte …

Sollte dieser Vormittag wirklich eine ernsthafte Antwort auf die Frage nach meiner Zukunft sein? Ich kam mir wie ein Rohstoff vor, der in möglichst niedrige Arbeitslosenzahlen verwandelt werden sollte. Am Ende des Tages hatte ich das letzte Vertrauen in die Schule und ihren Wert für meine Zukunft verloren. Was war das nur für eine Demonstration ihrer eigenen Unfähigkeit. Offenbar hielt sie einen billigen Algorithmus für fähiger als ihre eigene Kompetenz, junge Menschen bei ihrer Lebensgestaltung zu unterstützen.

Die beschriebene Erfahrung soll verdeutlichen, welchen Stellenwert der Einzelne im Schulsystem hat: Dass wir nach uns selbst gefragt werden, beschränkt sich im Unterrichtsalltag auf die Farbauswahl des nächsten Plakats. Den höchsten Grad an

Gestaltungsfreiheit erlebte ich bisher bei der Wahl zwischen Französisch und Spanisch.

In den seltenen Fällen, in denen wir ernsthaft in den Mittelpunkt rücken sollen, wirkt der Schulapparat indessen inkompetent und grobmotorisch. So wird auf Individualität mit einer Maschine geantwortet, die auf vorgefertigte Fragen fertige Antworten gibt. Auch der Besuch einer Jobmesse, eine Projektwoche oder ein zweiwöchiges Praktikum wird dem Einzelnen nicht gerecht werden können. Denn Persönlichkeitsbildung braucht Rahmenbedingungen, die die Interessen, Potentiale, Fähigkeiten, Stärken und Schwächen des Einzelnen herausfordern – insbesondere wenn man aus einer Vielzahl von Möglichkeiten eine gesunde Entscheidung treffen muss.

Werden wir auch außerhalb der Schule nicht zur Auseinandersetzung mit uns selbst herausgefordert, ist es nach der Schule um so schwerer. So kann es dazu kommen, dass so mancher ein unzufriedener Tischler wird, obwohl er ein sehr talentierter Erzieher gewesen wäre. Was das für die einzelne Person, ihre Mitmenschen und letztlich auch für eine rentable Wirtschaft bedeutet, ist eine einfache Rechnung, auf der ein hoher Preis steht.

Kapitel 9.7
Masse statt Klasse

In drei Wochen werde ich die Abiturprüfungen schreiben. Je näher der Termin rückt, um so größer wird die Anspannung in unserer Klasse. Die Lehrer beginnen, das relevante Wissen beharrlich zu wiederholen und bei uns Schülern verbindet sich steigende Nervosität mit wachsendem Lernaufwand. Hobbys werden zurückgestellt und der Alltag unter Stöhnen der optimalen Abiturvorbereitung untergeordnet – zumindest bei den ambitionierten Kandidaten. Zweifellos nehmen viele von uns das Abitur als eine der größten Herausforderungen in ihrem bisherigen Leben wahr. Ich habe wahrscheinlich noch nie soviel Zeit für die Schule aufgewendet, wie ich es jetzt vor den Prüfungen tue.

Im Kontrast zur ächzenden Stimmung in meiner Klasse, vernimmt man in der Öffentlichkeit immer wieder Stimmen, die beklagen, dass das „Abitur auch nicht mehr das ist, was es mal war". So stellt etwa die Wochenzeitung „Die Welt" die „gefährliche Entwertung des deutschen Abiturs"[36] fest und „Die Zeit" fragt sich, ob unser Abitur zu „niedlich"[37] sei. Auch nach dem sogenannten „PISA-Schock" 2001 kamen viele Stimmen auf, die die Qualität unserer Schulen in Frage stellten. Aber wer hat denn nun Recht? Ist die Schule wirklich so schwer, wie es gerade viele meiner Mitschüler empfinden oder ist sie ein Ort, an dem man Bildungsabschlüsse geschenkt bekommt?

Für diese Frage lohnt es sich, zu betrachten woran „schwer" oder „leicht" überhaupt bemessen wird. Zumindest hier sind sich beide Seiten einig. Egal ob der Schüler, der darüber stöhnt, dass er zehn Seiten des Lehrbuchs lernen muss oder derjenige, der fordert, dass es eigentlich fünfzehn sein müssten: Beide definieren den Schwierigkeitsgrad anhand der Menge dessen, was gelernt werden soll.

In dieses Koordinatensystem lassen sich auch die erreichbaren Bildungsabschlüsse einordnen: Die Hauptschule gilt als einfacher als die Realschule und das Abitur soll der schwerste und gleichzeitig „wertvollste" Abschluss sein. Doch egal, ob ich in der achten Klasse der Gesamtschule saß oder jetzt kurz vor dem Abi stehe – außer am Umfang des Lehrplans hat sich nicht viel geändert. Hinter dem Begriff Bildungsqualität steckt in erster Linie nur die Bildungsquantität: die Menge abrufbaren Wissens, die Größe des Wortschatzes beim Erlernen einer Fremdsprache oder die Komplexität verschiedenster Zusammenhänge in den Naturwissenschaften.

Aus quantitativem Vergleich Qualität ableiten zu wollen ist übrigens auch das Programm des politischen „Bildungsmonotoring". Vergleichstests wie „PISA", „VERA" oder „Kermit" werden von der Kultusministerkonferenz als die Maßstäbe der Qualitätssicherung genutzt.[38] Anhand von Fragen, deren Antworten sich klar bepunkten lassen, werden Tests durchgeführt, die Aussagen über den Bildungsstand deutscher Schüler geben sollen.

Solche Unternehmungen sind allerdings sehr fragwürdig. Denn um Bildung als einem qualitativen Prozess gerecht zu werden, braucht es eine Bewertungsdimension, die nur der Lernende selbst bilden kann. Es reicht nicht aus zu verstehen, warum A gleich B ist, sondern es muss die Frage entstehen, was es für den Schüler bedeutet, wenn A gleich B ist. An dieser Stelle werden alle Maßstäbe gesprengt, die es zulassen würden, das Lernen mehrerer Schüler miteinander zu vergleichen. Lernerfolg ist dann nicht mehr messbar, sondern nur noch erlebbar. Es kann eine Dimension von Sinn und Bedeutung gegenüber dem bloßen Verstand entstehen. Gleichzeitig wird der Schwierigkeitsgrad der Schule immens erhöht: Wenig ist anspruchsvoller, als etwas so Sensibles wie die eigene Person in einen offenen Dialog mit dem Verstand treten zu lassen. Bildung hat dann direkte Konsequenzen für das eigene Erleben und Verhalten und müsste sich nicht nur in der Klassenarbeit, sondern auch im Leben bewähren.

Hier ergeben sich gleichzeitig die Probleme für das bestehende Schulsystem. Noten, PISA und Co. brauchen stets die messbare Vergleichbarkeit als Grundlage ihrer Wertschöpfung. Schule muss zwangsweise den Einzelnen ignorieren, wenn sie ein Bewertungssystem unterhält, das sich dem messbaren Vergleich verdankt. Und im gleichen Maße wie die Persönlichkeit in den Hintergrund rückt, tut es die Bildungsqualität zugunsten der Quantität.

Definiert man „schwierig" als einen Haufen Stoff, den man rational durchdringen muss, haben meine Mitschüler sicherlich recht, wenn sie über die Schule klagen. Ein Blick in die Lehrpläne reicht, um zu erkennen, mit welcher Wissensfülle wir konfrontiert werden. Versteht man „schwierig" allerdings als einen qualitativen Lernvorgang, ist der Schulalltag ein Trauerspiel, der sich im Dschungel vieler Kausalstränge in die Bedeutungslosigkeit verirrt hat. In diesem Sinne ist nahezu jeder Schüler unterfordert. Wo trifft man in der Schule auf Herausforderungen, die der Person des Lernenden gelten? Wo gibt es einen Platz, an dem man überhaupt erleben könnte, was einen ausmacht? Wann wird ein Raum geschaffen, um die eigenen Interessen zu vertreten und eigenverantwortlich auszuprobieren? Wann lernen wir, unsere Interessen mit denen der Anderen abzugleichen? Wo werden wir mit der Frage konfrontiert, wer wir eigentlich sein wollen und wie werden wir darin unterstützt, diesen Willen zu erforschen? Und wann können wir mal für etwas Verantwortung übernehmen, das sich außerhalb der Zahlen zwischen eins und sechs abspielt? Die verantwortungsvollste Aufgabe meiner bisherigen Schulzeit war eine Woche Tafeldienst.

Für alle diese Fragen bietet die staatliche Schule keine hilfreiche Umgebung, was dazu führt, dass sich Bildung auf das Beackern langer Lehrpläne beschränkt. Schule ist kein Ort, der herausfordert, sondern sie ist in erster Linie ein Ort, der uns beschäftigt.

Kapitel 9.8
Verschlimmbesserungen

Vor einigen Jahren brach ich mir auf meinem Snowboard das Schlüsselbein. Damals dachte ich, es sei unbedingt notwenig, nach drei Stunden Schlaf und mit einem gefühlten Restalkohol von 1,5 Promille zum Stuntman zu werden. So hatte ich einen Sprung unterschätzt und lag nun mit meinem kaputten Skelett im Krankenhaus.

Die Ärzte sagten mir, dass die Schulter am besten sofort operiert werden müsse, da die Knochen so stark verschoben seien, dass sie nicht von selbst zusammenwachsen würden. Auf den Rat meiner Eltern entschied ich mich jedoch für eine zweite Meinung und ließ meine Schulter zu Hause von einem weiteren Arzt untersuchen. Dieser versicherte mir, die Knochen würden auch ohne Operation problemlos zusammenwachsen. So entschied ich mich gegen die Risiken eines Eingriffs und nach zehn Wochen konnte ich wieder auf dem Snowboard stehen. Neben meiner Freude über die schnelle Heilung war ich beeindruckt, wie unterschiedlich die Therapievorschläge verschiedener Ärzte ausgefallen waren. Während der eine nicht den geringsten Anlass für eine Operation sah, schärfte der andere bereits das Skalpell und wollte sofort loslegen.

Letzteres Verhalten erinnert stark an die Schule. Statt einem Mediziner, der den natürlichen Kräften des Körpers traut, gleicht sie oftmals einem Arzt, der Eingriffe vornimmt, die im Grunde gar nicht nötig wären.

Nun ist das Problem des Schulsystems keine gebrochene Schulter, sondern eine Gruppe von jungen Menschen die lernen müssen, was sie lernen sollen. Traditionell gibt es hierzu zwei Möglichkeiten der „Therapie": Gewalt oder Unterhaltung. Entweder zwingt man jemanden das zu tun, was man will oder man probiert, es ihm irgendwie schmackhaft zu machen.

Bis zur Mitte des 20. Jahrhunderts pflegte man überwiegend die erste Methode. Heutzutage ist es jedoch undenkbar, dass ein Lehrer noch zum Rohrstock greift, weil wir unsere Hausaufgaben nicht gemacht haben. Da körperliche Gewalt glücklicherweise ihre Berechtigung verloren hat, kommt also die zweite Methode zum Zug. Man könnte sagen, dass anstelle der schwarzen Pädagogik die bunte getreten ist. Letztere funktioniert, wie jede farbenfrohe Unterhaltung: Sie setzt möglichst viele Reize in der Hoffnung, die Betroffenen bei der Stange zu halten. Mit bunten Plakaten, elektronischen Tafeln, themeneinleitenden Animationsfilmen und Powerpointpräsentationen wird der Unterricht bestmöglich aufgepeppt. Auch der Großteil der Unterrichtsmethodik funktioniert nach diesem Prinzip. Vom Stationslernen über „Teamteaching" bis hin zu „Placement Activity", erfahre ich als Schüler täglich, was die Didaktik der Bildungsexperten so hergibt.

An Unterrichtsmethodik ist natürlich grundsätzlich nichts auszusetzen. Jedoch wird sie in der Schule systematisch missverstanden. Statt als Bereicherung dient sie vielmehr als Appetitmacher für einen trockenen Lehrplan. So wird mancher Lehrer zum unfreiwilligen Methodenclown mit der undankbaren Aufgabe, ein Publikum zu unterhalten, das sich nicht für ihn interessiert.

Hier ein Beispiel: Eine Methode, die in meiner Klasse oft Anwendung findet, ist das sogenannte Jigsaw-Verfahren oder auch Gruppenpuzzle genannt. Dafür wird die Klasse zunächst in

Gruppen unterteilt, damit jede einen bestimmten Teil eines Themas erarbeitet. Anschließend stellen sich die Gruppen gegenseitig ihre Ergebnisse vor, sodass aus den einzelnen Puzzleteilen ein Gesamtbild entsteht. Der Uni Köln zufolge soll durch diese Methode das selbständige Erarbeiten von Inhalten, Teamfähigkeit sowie soziales Lernen gefördert werden. Zudem heißt es, dass eine positive soziale Abhängigkeit zwischen den Schülern entstehe, da alle ein gemeinsames Ziel verfolgen.[39]

Soweit die Theorie. In der Praxis ist jedoch das einzige Ziel, das wir Schüler verfolgen, die möglichst angenehme Bewältigung der Unterrichtsstunde. Froh, dass man sich unterhalten kann, tauschen sich die Gruppen zweifellos über viele Dinge aus. Jedoch weniger über den Inhalt, als über den Gossip der letzten Woche. Die fachliche Auseinandersetzung reduziert sich auf das Abschreiben der Notizen der anderen Gruppen, sodass sich alles lernbereit für die nächste Klausur im Ordner abheften lässt. Statt sozialem Lernen wird daher munteres Geplauder mit gleichzeitigem Abschreiben gefördert, das wenig mit den pädagogischen Vorteilen zu tun hat, welche die Theorie der Methode verspricht.

Der Einsatz der „Jigsaw-Methode" dient also letztlich einer simplen Reizerhöhung für desinteressierte Schüler. Jedoch gehen die Reize nicht vom Stoff aus, sondern nur vom Gewand, mit dem er geschmückt wird. Gruppenarbeit ist nunmal spannender als Einzelarbeit. Und ein Film ist unterhaltsamer als ein Monolog des Lehrers. Allerdings muss die Schule all die Reize wieder in ihre starren Inhalte zurückübersetzen. Und genau dabei scheitert ihre Methodik.

Um einen Lehrplan in die Realität umzusetzen, reicht also das Schütteln der Reizrassel nicht aus. Das hat dazu geführt, dass das Objekt der Optimierungsbemühungen nicht nur die Schule,

sondern auch wir Schüler geworden sind. Es hat sich der Gedanke etabliert, dass man doch buchstäblich nur ein wenig nachhelfen müsste, damit wir zu erfolgreichen Schülern werden. Laut der Bertelsmann Stiftung nehmen in Deutschland über 1,2 Millionen Schüler Nachhilfeunterricht.[40] Das sind bei knapp 8,3 Millionen Schülern immerhin 14 Prozent. Es ergibt sich die Frage, ob wirklich 1,2 Millionen Schüler zu schlecht für die Schule sind, sodass sie regelmäßig fremde Hilfe brauchen.

Betrachtet man den Nachhilfeapparat, wird schnell klar, dass er ein exaktes Abbild des Bildungssystems ist. Wie die Zweigstelle der Schule wird dort all das nachbereitet, was unbeteiligten Schülern durch die Lappen gegangen ist. Der Unterschied zur Schule liegt in der Effizienz: Individuelle Betreuung ist nunmal wirksamer, als wenn ein Lehrer vor zwanzig Schülern steht. Doch im Grunde bleibt Nachhilfe das effiziente Endprodukt einer missverstandenen Bildungsauffassung: Sind wir wirklich zu schlecht für die Schule? Oder ist nicht für 1,2 Millionen Schüler die Schule zu schlecht? Wir nennen das Versagen der Schule Nachhilfe für diejenigen, die am meisten darunter leiden. Denn für die Betroffenen bedeutet es, dass sie zusätzlich zum normalen Schulalltag noch mehr Zeit dafür aufwenden müssen, sich die Freude am Lernen zu nehmen. Statt einer nachhaltigen Hilfe ist hier vielmehr ein rentables Geschäft entstanden, das mit dem Geld besorgter Eltern ein jährliches Volumen von 900 Millionen Euro hat.[41]

Neben Nachhilfe gibt es allerdings noch massivere und gleichzeitig subtilere Formen der „Hilfe". Während Nachhilfeunterricht noch einen pädagogischen Lösungsansatz hat, bieten sich längst medikamentöse Möglichkeiten an, junge Menschen einem Lehrplan gefügig zu machen. Um Medikamente zu verschreiben, braucht es jedoch auch eine Krankheit. Diese trägt den treffenden Namen „Aufmerksamkeitsdefizitsyndrom" (ADS). Wer ADS hat gilt als unkonzentriert, impulsiv und unaufmerksam. Ist der Betroffene zudem hyperaktiv und ruhelos, spricht man von ADHS („Aufmerksamkeitsdefizit-/ Hyperaktivitätssyndrom"). Wahrscheinlich ist jeder schon über einen dieser Begriffe gestolpert, weil die Diagnose in den letzten Jahren einen regelrechten Boom erfahren hat. Laut Robert Koch-Institut leiden mittlerweile 4,8 Prozent der deutschen Jugendlichen an AD(H)S. Weitere 4,9 Prozent gelten als Verdachtsfälle.[42]

Wie es ist, Teil der 4,8 Prozent zu sein, erfuhr ich, als ich in die siebte Klasse kam. Ich interessierte mich für so ziemlich alles, außer für das, was die Lehrer machten. Das führte dazu, dass ich regelmäßig aus dem Klassenraum flog. Fragten mich meine Eltern, was wir im Unterricht gemacht hatten, wusste ich nicht was ich antworten sollte, weil ich es vergessen oder gar nicht erst wahrgenommen hatte. Ich verlor Schulbücher, Stifte und Busfahrkarten im Wochentakt und meine Noten verschlechterten sich. Es war offensichtlich, dass ich kein Schüler war, der im System Schule funktionierte. Ich hatte andere Interessen, andere Schwerpunkte und ein anderes Verständnis davon, was wichtig ist. Es war als ob die Schule mit mir Chinesisch sprach und ich auch noch auf Chinesisch antworten sollte. Ich wurde immer hilfloser und wäre am liebsten zu Hause geblieben. Allerdings konnten mich meine Eltern ja auch nicht einfach von der Schule nehmen. So suchten sie verzweifelt nach einer Lösung, mit der sowohl ich als auch meine Bildungslaufbahn leben konnten.

Dabei drängte sich das Krankheitsbild ADS geradezu auf. Der Junge bekommt nichts mit und kann sich nicht konzentrieren? Dann könnte er an einem Aufmerksamkeitsdefizit leiden. Nachdem mir ein psychologischer Test mein Defizit attestiert hatte, wurde mir Ritalin verschrieben.

Der Wirkstoff, den nahezu alle Medikamente zur Behandlung von AD(H)S gemein haben, heißt Methylphenidat – ein Stoff, der in den Haushalt der Neurotransmitter Dopamin und Noradrenalin eingreift und dadurch eine verbesserte Reizweiterleitung im Gehirn bewirkt.

Sobald ich begann, das Medikament zu nehmen, stellte sich die erwünschte Wirkung ein. Ich fühlte mich klarer im Kopf, konnte mich länger konzentrieren und meine Schulleistungen steigerten sich wieder. Wenn ich nachmittags aus der Schule kam, war ich jedoch zunehmend müde und mein Umfeld beschrieb mich als teilnahmslos und unmotiviert. Ich fühlte mich erschöpft, hörte auf Fussball zu spielen und unternahm weniger mit meinen Freunden.

Im Jahr 2013 haben sich Jugendliche in Deutschland über 1,8 Tonnen Psychopharmaka eingeworfen, um morgens in der Schule zurechtzukommen. Ob AD(H)S in Einzelfällen ein medizinisches Problem darstellt, kann ich nicht beurteilen – jedoch scheinen die Gründe für über 300.000 betroffene Jugendliche vor allem in der Schule zu liegen: Ulrike Lehmkul, Direktorin der Kinderklinik für Kinder- und Jugendpsychatrie an der Berliner Charité, geht davon aus, dass 90 Prozent der ADHS-Diagnosen falsch sind. Denn für eine Diagnose müssten drei Kriterien zusammenkommen: Impulsivität, Hyperaktivität und ein Aufmerksamkeitsdefizit. Und das schon seit dem frühen Kindesalter. ADHS, das in der siebten Klasse plötzlich auftritt, gäbe es nicht, betont Lehmkul.[43]

Zahlen des Robert Koch-Instituts zeigen jedoch, dass die meisten AD(H)S Fälle in Deutschland gerade im Alter von 13

Jahren auftreten, also genau dann, wenn Schüler gewöhnlich die sechste oder siebte Klasse besuchen. Ohnehin wird deutlich, dass die Häufigkeit der AD(H)S Diagnosen mit Eintritt in die Schule zunimmt. Haben bei den 3- bis 6-Jährigen durchschnittlich nur 1,5 Prozent AD(H)S, sind es bei den 7- bis 10-Jährigen schon 5,3 Prozent und bei den 11- bis 13-Jährigen stolze 7,1 Prozent.[44] Mittlerweile gilt AD(H)S als die häufigste Verhaltensstörung bei Kindern und Jugendlichen.

Stellen Sie sich vor, das Buch in Ihren Händen wäre ein Lexikon und Sie wären verpflichtet, es anhand von Fragen durchzuarbeiten, die sich irgendjemand für Sie ausgedacht hat. Würde man Sie dabei beobachten, ließe sich wahrscheinlich nach zehn Minuten das erste Stöhnen vernehmen. Nach einer halben Stunde würden Sie vielleicht beginnen, nervös mit dem Fuß zu wippen und spätestens nach zwei Stunden wäre Ihr Aufmerksamkeitsdefizit perfekt. Das läge aber nicht daran, dass Sie krank sind, sondern dass es Sie einfach nicht interessiert, was alphabetisch geordnet im Lexikon geschrieben ist. Und genauso interessiert es auch wenige, was nach Altersgruppen klassifiziert im Lehrplan steht. Würde man Ihnen jedoch ausreichend Ritalin geben, kann ich Ihnen versichern, dass Sie problemlos den ganzen Brockhaus lesen könnten.

Die Kehrseite dieser chemischen Dressur ist, dass tausende Jugendliche unter Drogen gesetzt werden. Methylphenidat ist ein Amphetamin, das bei erhöhter Dosierung ähnlich wirkt wie Kokain und Speed. Die amerikanische Drogenbehörde DEA stuft Ritalin und Co auf ihrer Website als gefährliche Drogen ein, die ein hohes Abhängigkeitsrisiko birgt.[45] Zudem gibt es fast keine Untersuchungen zu den langfristigen Auswirkungen eines dauerhaften Konsums. Dass mittlerweile schon Erstklässler Amphetamine verabreicht bekommen, wirft die Frage auf, wer von den Beteiligten wirklich eine Behandlung in Betracht ziehen könnte.

Zuletzt ist das Beispiel AD(H)S symptomatisch für ein System, das sich nicht an uns Schülern ausrichtet, sondern als wesentliches Ziel Konformität und Vergleichbarkeit durchsetzt. Ganz nach dem Motto „Was nicht passt wird passend gemacht" werden wir für den Schulalltag gefügig gemacht. Denn ohne einen gigantischen Nachhilfeapparat, interaktive Unterrichtsmethoden und Medikamente würde sich das derzeitige Schulsystem kaum aufrecht erhalten lassen.

Eine Weisheit der nordamerikanischen Dakota Indianer lautete: „Wenn Du entdeckst, dass Du ein totes Pferd reitest, steig ab!" Die Schule scheint dies nicht begriffen zu haben und schlägt immer noch mit ihrer didaktischen Peitsche auf die halbtoten Schüler ein und kommt dabei keinen Schritt vorwärts. Aber auch mit einer härteren Peitsche oder noch so leckeren Möhren wird man desinteressierte Schüler nicht nachhaltig wiederbeleben können.

Kapitel 9.9
Gute und schechte Schüler

Dieses Halbjahr habe ich zum ersten Mal in meinem Leben den besten Notenschnitt in meiner Klasse. Und ich muss zugeben: Es fühlt sich gut an! Besonders wenn man in der Vergangenheit regelmäßig erleichtert war, wenn man es mit seinem Schnitt durchs Schuljahr geschafft hatte. Die Freude über mein neues Streberdasein wandelt sich allerdings, sobald ich darüber nachdenke, welchen Motiven sie entspringt.

Dabei drängt sich die Art der schulischen Wertschöpfung erneut in den Vordergrund: Ein System, das seinen Wert dem Vergleich verdankt, begünstigt Schüler, die diese Strukturen für sich selbst übernehmen. Denn der Gedanke „Cool, ich bin der Beste" setzt voraus, dass die Anderen schlechter sein müssen. Dieser asoziale Vergleich ist der bestimmende Wert meines Zeugnisses. Dahinter macht sich großflächige Bedeutungslosigkeit breit. Ich weiß ja größtenteils nicht mal mehr, wofür ich meine guten Noten bekommen habe. Sie machen weder fundierte Aussagen über meine Stärken, noch repräsentieren sie meine Leidenschaften oder sonst etwas, das mir wichtig wäre. Statt für eine inhaltliche Auseinandersetzung steht mein Zeugnis vielmehr für die Bestätigung meines Selbstwertgefühls im sozialen Ringen um Anerkennung und Bedeutsamkeit.

Ich will nicht behaupten, dass jeder gute Schüler seine Noten einem Minderwertigkeitsgefühl verdankt. Es gibt zweifellos auch sehr gute Schüler, die andere Motive antreiben. Allerdings darf man die soziale Attraktivität guter Schulleistungen nicht unterschätzen. Die Eins kann bei jungen Menschen eine ähnliche

Funktion haben wie ein hoher Kontostand bei älteren. Hierfür muss der sehr gute Schüler aber auch ein gewisses Potential mitbringen, sich selbst zu vergessen und kontinuierlich zu tun, was ihm gesagt wird. Denn er muss in jedes Fach die gleiche Aufmerksamkeit investieren. Einzelne Interessen und Stärken sorgen zwar für gute Note in einigen Fächern, aber um sehr gut zu sein, muss man alles schlucken, was der Stundenplan hergibt. Diese Subvention masochistischer Charaktere prägt Viele, die erfolgreich in der Schule sind.

Neben Medizin fürs Selbstwertgefühl sind gute Noten gleichzeitig das Gift, welches den Schüler vor sich hertreibt. Denn eine wirkliche Befriedigung der Bedürfnisse, die mithilfe guter Noten gestillt werden sollen, ist langfristig kaum möglich. Wie könnte auch eine Ziffer das Verlangen nach Anerkennung oder Wertschätzung nachhaltig sättigen?

An diesem Punkt dreht sich ein weit verbreiteter Gedanke um. Oftmals heißt es, dass die leistungsschwächeren Schüler von den besseren profitieren könnten. So spiegelt etwa das Konzept der Gemeinschaftsschulen diesen Gedanken wider: Der starke Schüler hilft dem schwachen und unterstützt ihn in seinem Lernen. Überträgt man diesen Gedanken jedoch auf das Notensystem, ist es andersrum. Letztlich braucht der Gute den Schwachen, wenn er weiterhin gut erscheinen will. Der gute Schüler ist hochgradig abhängig vom schlechten.

Dabei stecken beide im selben Dilemma: Sie müssen einen Alltag bewältigen, der nur wenig mit ihnen zu tun hat. Der einzige Unterschied liegt im Umgang mit dieser Situation: Während der Eine imstande ist, seine Impulse und Interessen zu unterdrücken, bringt der Andere nicht die nötige Disziplin auf und scheitert am schulischen Bewertungsmaßstab. Im Grunde genommen zeigt der ungenügende Schüler eine ehrliche Reaktion auf ein bildungsfremdes System, das sich nicht an ihm orientiert. Anstatt blind zu tun, was ihm gesagt wird, ist er noch in der Lage, einen absurden Unterricht wahrzunehmen und mit Verweigerung zu reagieren – sicherlich oftmals trotzig, gezwungen und unreflektiert, aber in der Reaktion vollkommen natürlich. Auf der anderen Seite wird das Unnatürliche belohnt. Wer gehorsam tut, was im Hausaufgabenheft steht, wird während der Schulzeit keine Probleme haben. So entsteht eine perverse Dynamik, bei der die Noten wie jedes andere Statussymbol auf dem Schulhof funktionieren: Über Ausgrenzung und Verknappung gewinnen die wenigen Gesegneten ihre Exklusivität.

Schlimmstenfalls präsentiert der gute Schüler dem ungenügenden tagtäglich dessen eigene Unfähigkeit, die wiederum Stolz und Bestätigung des guten bedeutet.

Kapitel 9.10
Missachtung der Lehrer

Den Großteil meiner Schulzeit hatte ich das Gefühl, dass die einzige Aufgabe der Lehrer darin besteht, mit unsinnigen Aufgaben meinen Tag zu versauen. Wegen meiner Einstellung gegenüber meinen Vorgesetzten verbrachte ich den Unterricht oft vor der Tür statt im Klassenraum, während meine Eltern zu Krisengesprächen in die Schule ausrücken mussten. Ich konnte einfach nicht begreifen, warum Menschen Geld dafür bekamen, mich zu nerven.

In letzter Zeit konnte ich bei mir jedoch etwas wie Verständnis für meine Lehrer feststellen. Denn sie haben offenbar das gleiche Problem, das ich auch habe. Sie betrachten es nur aus einem anderen Blickwinkel. Mein Problem ist, dass ich mich mit uninteressanten Dingen beschäftigen soll. Das wird zum Problem des Lehrers, da er der Betreuer dieser unglücklichen Situation ist. So hat sich die Lernverantwortung vom Schüler auf den Lehrer übertragen – einer Aufgabe, der er nie gerecht werden kann. Wer kann schon das Lernen von 25 Schülern managen?

Die bemühten Versuche, es trotzdem zu tun, ergeben dann einen Unterricht, in dem wir ununterbrochen auf Trab gehalten werden müssen: Erst werden die Hausaufgaben kontrolliert, dann gibt's ein paar Arbeitsblätter und anschließend noch ein Tafelbild, das dann alle in ihre Hefter schreiben ... Unterrichtsstunden ähneln regelmäßig einer Betreuungsmaßnahme für Kleinkinder, die man nicht eine Minute aus den Augen lassen kann. Es ist die große Aufgabe der Lehrer, ständig um die Aufmerksamkeit ihrer Schüler zu buhlen, um sie anschließend auf den Lehrplan zu lenken. Mit diesem Anforderungsprofil steht der Lehrerberuf nicht unbedingt alleine da. So stellt sich auch jede Marketingabteilung täglich die Frage, wie sie Aufmerksamkeit gewinnen kann, um Menschen dazu zu bringen, irgendetwas zu kaufen, das sie eigentlich nicht brauchen. Lehrer müssen nur kein Duschgel oder Auto verkaufen, sondern den Lehrplan.

Dabei kann das ständige Werben für etwas, woran die Meisten eigentlich kein Interesse haben, ungemein ermüdend sein. Besonders weil die Kurvendiskussion, die Zellteilung oder der erste Weltkrieg kaum spannender werden, wenn man sie ständig durchexerziert. Ich habe erlebt, dass Lehrer Unterrichtsmaterialen austeilen, auf denen ein Datum des vergangenen Jahrhunderts steht. Es braucht nicht viel Fantasie, um sich vorzustellen, wie viel Elan, Begeisterung und Kreativität sich noch aufbringen lässt, wenn der Versailler Vertrag jedes Jahr aufs Neue unterschrieben wird.

Zudem kostet es viel Mühe, die Forderungen nach einer objektiven Leistungseinschätzung jedes einzelnen Schülers zu bedienen. Halbjahreszeugnisse, Ganzjahreszeugnisse Zeugniskonferenzen, Notenbesprechungen, Korrektur von Klausuren: Lehrer müssen den hungrigen Bewertungsapparat der Schule ständig mit Noten füttern. Abhängig von der Motivation des Einzelnen kann die tägliche Unterrichtsvorbereitung ebenfalls viel Zeit beanspruchen. Die Frankfurter Bildungswissenschaftlerin Mareike Kunter schätzt, dass Lehrer neben dem Unterricht durchschnittlich 40 Prozent ihrer Arbeitszeit für Vorbereitung, Korrekturen, Elterngespräche und Verwaltung aufwenden müssen. Abhängig von Schulform, Fach und Erfahrung kämen Vollzeitlehrer so auf eine Arbeitszeit von bis zu 70 Stunden in der Woche.[46] Laut Studien des Aktionsrats Bildung sind mehr als ein

Drittel aller Beschäftigten im Bildungswesen überlastet. Im Vergleich zu anderen Tätigkeiten bildet der Lehrerberuf einen Nährboden für „arbeitsbedingte psychische Erschöpfungen".[47]

Allerdings ist es nicht ausreichend, diese Zahlen nur mit langen Arbeitszeiten zu erklären. So gibt es viele Berufsgruppen, die einen weit höheren Zeitaufwand, jedoch weniger psychische Erkrankungen aufweisen.[48] Der Grund für die hohe Belastung scheint also weniger in der Arbeitszeit, als in der Arbeit selbst zu liegen.

Aus Schülerperspektive drängt sich hier der Gedanke auf, dass Lehrersein vermutlich ganz schön frustrierend ist. Denn die Anstrengungen, die der Lehrer für uns unternimmt, werden ja kaum gewürdigt. Ganz im Gegenteil. Wir hören oftmals nicht richtig zu, sind abgelenkt oder stören schlimmstenfalls den Unterricht. Diejenigen, für die man den ganzen Aufwand betreibt, zeigen also ständig ihre Unzufriedenheit. So schaut man regelmäßig in gleichgültige Gesichter, die sich wohl am meisten gefreut hätten, wenn man morgens zu Hause geblieben wäre. Es muss frustrierend sein, sich immer wieder um eine Gruppe Halbtoter zu bemühen. Dieselbe Demütigung, die der Schüler durch die Ignoranz seiner Person erfährt, erfährt der Lehrer in seiner Arbeit.

Darüber hinaus ist nicht zu unterschätzen, dass alle Lehrenden selber eine Hypothek dreizehnjährigen Schülerdaseins in ihre Berufslaufbahn mitbringen. Wie lässt sich Freude am Lernen vermitteln, wenn man sie womöglich kaum erlebt hat? So scheinen manche Lehrer ihre Unzufriedenheit aus Schülertagen in einen professionellen Masochismus umgewandelt zu haben: Anstatt Lernlust auszustrahlen und die absurde Schulsituation wahrzunehmen, zwingen sie sich dazu, die Absurdität einige

Jahre später selber zu dirigieren. Ohne eine gewisse Ignoranz gegenüber der eigenen Bildungsgeschichte lässt sich dies wohl kaum bewerkstelligen.

Jeder Lehrer, der dem Lehrplan gerecht werden will, muss zudem auch ein beträchtliches Maß an Sensibilität für seine Schüler aufgeben. Denn schaute man als Lehrer nur ein wenig über den Lehrplan hinaus, würde man sofort das Dilemma des eigenen Unterrichts erkennen: Man würde es daran erkennen, dass wir den Großteil des „Gelernten" nach zwei Wochen wieder vergessen haben. Man würde es daran erkennen, dass beim Läuten der Schulglocke alle fluchtartig den Klassenraum verlassen. Man würde es daran erkennen, dass unsere emotionalste Erregung von einer Ziffer ausgelöst wird anstatt vom Unterrichtsalltag. Und man würde es daran erkennen, dass man uns regelmäßig zurechtweisen muss, ohne dass sich unser Verhalten nachhaltig ändert. Seit dreizehn Jahren sind meine Lehrer beharrlich damit beschäftigt, im Klassenraum für Ruhe zu sorgen – doch warum wir überhaupt laut sind, fragen sich offenbar nur wenige.

Als Lehrer kann man sich eine emphatische Sichtweise auf seine Schüler kaum erlauben, ohne die eigene Arbeit infrage stellen zu müssen. An Stelle einer ehrlichen Reflexion ist eine Fülle von Argumenten getreten, mit denen der eigene Unterricht gerechtfertigt wird. Pädagogische Prachtstücke wie jene auf der nächsten Seite sind allesamt Originale, die meinen Schulalltag begleiten. Dabei könnten sich die vermeintlichen Argumente für einen langweiligen Unterricht auflösen, wenn uns die Lehrer aufrichtige Verständnisbereitschaft entgegenbrächten – wenn man uns fragte, was wir wissen wollen, wie wir am besten lernen und was uns beschäftigt.

„Ihr findet den Unterricht langweilig? Das muss man aber wissen, das ist Allgemeinbildung! Ihr wollt hier immerhin den höchsten deutschen Schulabschluss erreichen!"

„Ich bin seit 15 Jahren im Beruf und habe schon über 30 Klassen zum Abitur geführt. Zweifelt mal nicht an meiner Qualifikation."

„Wenn ich dieselben Leistungen bringen würde wie so mancher von Euch, würde gar kein Unterricht mehr stattfinden!"

„Seid dankbar, dass ihr überhaupt zu Schule gehen könnt! Es gibt genug junge Menschen auf der Welt, die überhaupt keine Bildung erhalten!"

„Das Abi soll euch zum Studieren ermächtigen: In der Uni redet der Professor eine Stunde ohne Unterbrechung. Wenn ihr nicht einmal hier imstande seid, zuzuhören, könnt ihr das mit dem Studium direkt vergessen."

„Schule ist eintönig und nervig? Da muss man durch! Bildung ist keine Butterfahrt!"

Aber wie soll man solche Fragen stellen, wenn man jungen Menschen im Stundentakt festgelegte Lernziele zu vermitteln hat? Schon die Bewertungsfunktion des Lehrers erschwert ein ernsthaftes Verständnis für seine Schüler. Wie soll auch eine bewertende Instanz noch mitfühlend verstehen? Es ist das Merkmal von Einfühlungsvermögen, dass Verständnis an Stelle von Bewertung tritt. Sobald man beginnt zu verstehen, löst sich jede Zensur in Bedeutungslosigkeit auf. Doch solange der Schulerfolg weitgehend über Noten definiert wird, haben Lehrer nur begrenzte Möglichkeiten, ernsthaft auf uns einzugehen. Schlimmer noch: Im gleichen Maß, wie das Verständnis füreinander schwindet, wächst gegenseitige Ignoranz. Aus Sicht des Lehrers ist Ignoranz die Voraussetzung, um schon vor dem Betreten des Klassenraums zu wissen, was dessen Insassen bis zum Ende der Stunde gemacht haben werden. Gleichzeitig spiegelt sich die Ignoranz des Lehrers in Desinteresse, Disziplinlosigkeit und Gleichgültigkeit der Schüler. Das Ergebnis dieses Missverständnisses erschöpft sich im Kanon der gegenseitigen Vorwürfe.

Letztlich sind beide Seiten Leidtragende: Wir Schüler sind sauer, weil wir mit langweiligem Zeugs konfrontiert werden und die Lehrer leiden darunter, dass sie keine Wertschätzung für das mühevolle Aufbereiten des langweiligen Zeugs erfahren.

Kapitel 10
Beipackzettel in Kürze

Anpassung, Verlust der Neugier, Demütigung, Orientierungslosigkeit ... Dies alles sind Nebenwirkungen eines Schulsystems, das nicht uns Schüler in den Mittelpunkt stellt.

Solange der Schulerfolg noch immer mit Noten, Zeugnissen oder PISA gemessen wird und nicht an der einzelnen Person, wird die Schule ihrem Bildungsauftrag nicht gerecht werden können. Vielmehr wird das tägliche Theater im Klassenraum immer weiter aufgeführt werden: Ein Stück, in dem der Lehrer die verwaltete Bedeutungslosigkeit im Gewand der Bildung spielt, und wir Schüler die gezwungenen Zuschauer dieses Trauerspiels sind. So muss im Klassenraum eine Bildung unterhalten werden, die ohne Notendruck kaum möglich wäre. Der Schulalltag würde augenblicklich zusammenbrechen, wenn fehlende Lernlust nicht weiterhin mit Belohnung und Bestrafung kompensiert würde.

Es ist letztlich ganz simpel: Die Schule bietet mir eine Zukunftsperspektive in Form eines Abschlusses. Für einen guten Abschluss brauche ich wiederum gute Noten, die ich erreiche, indem ich lerne, was mir vorgesetzt wird.

Anstatt Lernlust fördert die Schule damit jedoch eine Lernkultur, die aus dem effizienten Management des geringsten Widerstands besteht. So wird die Schule uns nie wirklich erreichen können. Denn sie berührt nicht die Lust auf die Entdeckung der Welt. Zwischen dem Gesagten des Lehrers und der Wahrnehmung der Schüler macht sich vielmehr Bedeutungslosigkeit breit. Der Schultag wird zur Betreuungsmaßnahme, in der ich viel Zeit verbringe, aber wenig lerne. Solange wir nicht mit unseren Fragen, Problemen und Interessen ernst genommen werden, wird jeder Schüler auf seine Weise dagegen rebellieren. Und die undankbare Aufgabe der Lehrer wird sein, im Namen der Pädagogik dagegen vorzugehen.

Weder die Schüler noch die Lehrer können also ein aufrichtiges Interesse an der bestehenden Situation im Klassenraum haben. Doch warum ändert sich dann nichts? Es spricht doch eigentlich nichts gegen einen Unterricht, der für alle befriedigender wäre. Ganz im Gegenteil. Wahrscheinlich wünscht sich ein Großteil der Beteiligten eine Veränderung.

Auch in der Öffentlichkeit scheint Schulkritik mittlerweile zum guten Ton zu gehören. So ist dieses Buch zweifellos nicht der einzige Ausdruck der bestehenden Unzufriedenheit. Ob es nun Elternverbände, der Philologenverband oder die regelmäßige Kritik in den Medien ist: Die Schule kann sich der ständigen Vorwürfe sicher sein. Doch wieso schaffen wir es bei aller Kritik nicht, einen lerngerechten Unterrichtsalltag zu gestalten?

Hier wird ein Gedanke wichtig, den wir bisher noch gar nicht berücksichtigt haben. Die Schule ist eingebettet in ein gesellschaftliches Gefüge, das Mechanismen folgt, die meinen Vormittag entscheidend beeinflussen; die bedeutendsten soll das folgende Kapitel beschreiben.

Kapitel 11
Schule als Produkt der Gesellschaft

Schule ist das, was herauskommt, wenn man Wirtschaft, Politik, Geschichte und Kultur eines Landes in einen Topf gibt, um einen Aufenthaltsort für junge Menschen zu kreieren. Ähnlich wie unser Gesundheits-, Rechts- oder Sozialsystem wird natürlich auch das Bildungssystem von dem verschlungenen Gemenge beeinflusst, das wir Gesellschaft nennen.

Die Schule ist also nicht unbedingt dem optimalen Lernen verpflichtet, sondern in erster Linie der Gesellschaft, aus der sie hervorgeht: Was für erfolgreiche Bildung gut ist, muss nicht mit der allgemeinen Definition von Erfolg übereinstimmen. Hier entsteht die Frage, wo die Widersprüche zwischen der gesellschaftlichen Realität und einer gelungenen Bildung liegen.

Bemerkenswert ist hier vor allem eine Entwicklung, die gerne mit den Worten „Ökonomisierung der Gesellschaft" umschrieben wird. Der französische Soziologe Luc Boltanski meint damit, dass immer mehr Güter und Praktiken, die einst außerhalb der Marktsphäre lokalisiert waren, in Produkte umgewandelt würden, die über einen Preis auf dem Markt gehandelt werden könnten.[49] Diese Form der Ökonomisierung lässt sich seit Jahren in weiten Teilen der Gesellschaft beobachten. Etwa in den Gesundheits-, Renten-, Sozialsystemen, in der Wissenschaft oder eben in der Bildungslandschaft. Bildung ist längst zu einer der wichtigsten Ressourcen innerhalb einer wettbewerbsfähigen Nation geworden. Der Ökonom Thomas Straubhaar hat diesen Gedanken auf den Punkt gebracht: „Mit guter Bildung wird sich mikro- wie makroökonomisch viel Geld verdienen lassen. Es ist nicht

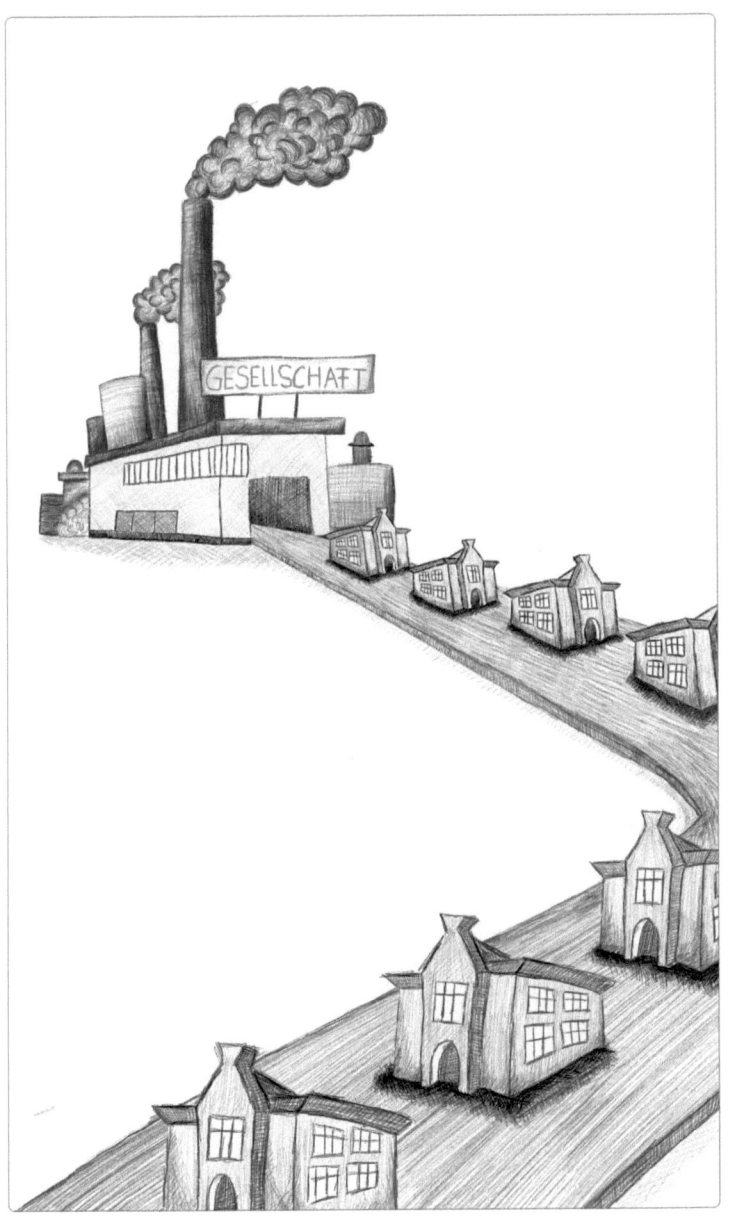

unanständig, sondern schlicht notwendig, ‚Humankapital' als Produktionsfaktor zu sehen, in den um so mehr investiert wird, je höher die erwarteten Renditen sind."⁵⁰

Diese materielle Auffassung kennen wir bereits vom "Bonsai des Lernens" – ein Lernverständnis, das sich der maximalen Anhäufung von Wissen unterordnet. Und so wie sich der Bonsai den formenden Händen seines Züchters fügt, fügt sich die Bildung der Ökonomisierung.

In beiden Fällen ist das Ergebnis ein mickriger Abklatsch des Originals, denn wichtig ist hier lediglich die Verwertbarkeit des Endprodukts. Die Weltbank beschreibt diesen Vorgang mit dem Begriff „Output-Orientierung" folgendermaßen: "An orientation toward outcome means that priorities in education are determined through economic analysis, standard setting, and measurement of the attainment of standards."⁵¹

Interessant ist die Art der Wertschöpfung, welche hinter einer solchen „Output-Orientierung" steht. Denn mit der Ökonomisierung wurden auch die Maßstäbe quantitativer Wertschöpfung in die Gesellschaft hineingetragen. Hierzulande ist man es gewohnt, alles zu zählen, um daraus anschließend einen Wert abzuleiten. So wird etwa der Erfolg der Volkswirtschaft am Bruttoinlandsprodukt bemessen – eine Kennziffer, die jedes Jahr alle hergestellten Waren und Dienstleistungen repräsentieren soll. Genauso messen auch Unternehmen ihren Erfolg am jährlichen Gewinn. Ähnliches gilt für die Politik: Nur dass die Kennziffer kein Geld, sondern die Menge der Wählerstimmen ist. Auch in der Unterhaltungsbranche wird dasselbe Prinzip angewandt: Verkauft sich ein Musikalbum oft, wird es zu Platin und ein Buch wird zum Bestseller. Eine Institution, die diesen Mechanismus in seiner reinsten Form repräsentiert, ist der Finanzmarkt. Dort werden täglich Zahlen gekauft und verkauft, ohne dass sie reale Werte repräsentieren. Das einzelne Finanzprodukt ist völlig charakterlos. Erst das Verhältnis der Zahlen zueinander stellt den Wert dar.

Nicht nur im undurchschaubaren Gewusel der Finanzmärkte oder der Politik lässt sich dieses Phänomen erkennen. Viele legen den Maßstab der Zahlen auch an sich selbst an. So neigen wir dazu, unseren Selbstwert am Kontostand, der Anzahl der Freunde oder der ergatterten Likes auf Facebook festzumachen. Wir messen Gesundheit mit Apps und Leistungsvermögen an Pulsuhren.

Egal ob in Wirtschaft, Politik oder im Privatleben: Werte werden vermehrt über Quantifizierungen wie Geld, Mehrheiten oder Verkaufszahlen definiert. So gilt man als reich, wenn man viel Geld hat und als cool, wenn man das größte Haus und das schnellste Auto besitzt – alles Werte, die ihre Existenz dem Vergleich verdanken. Denn was macht es im Leben eines Menschen noch für einen Unterschied, ob er einen 9- oder 12-stelligen Betrag auf dem Konto hat? Oder anders gefragt: Kann man wirklich besser schlafen, wenn man statt einem zehn Schlafzimmer besitzt? Und ist man im Stadtverkehr wirklich schneller am Ziel, wenn man ein Auto mit 800 PS fährt?

Trotz ihrer Fragwürdigkeit hat sich die quantitative Form der Wertermittlung auch auf das Bildungssystem übertragen – nur die Maßeinheit ist anders. Statt an Geld, Mehrheiten oder der Hausgröße wird Schulerfolg an Noten und Abschlussquoten bemessen: Der Schüler liest seinen Erfolg vom Zeugnis ab und die Schule von PISA. Einige Jahre später entstehen in den Universitäten ganze Bonsaikolonien, in denen der wissenschaftliche Betrieb die Länge der Publikationsliste zum Qualitätsnachweis erhoben hat.

An dieser Stelle entsteht der grundlegende Widerspruch zwischen einer gelungenen Bildung und der bestehenden Gesellschaft: Bildung ist nicht messbar, wenn man sie nicht ihrem eigenen Kern berauben möchte! Es ist ein absurder Gedanke, man könne Bildungserfolg ermitteln, indem man alle Schüler durch einen Lehrplan schleust und anschließend den Zollstock anlegt. Nachhaltige Bildung ereignet sich auf der Grundlage persönlicher Relevanz und nicht an einem Maßstab der Allgemeingültigkeit.

Doch ähnlich, wie viele Erwachsene ihren Selbstwert am Geld festmachen, tun wir Schüler es anhand unserer Noten. Denn eines der ersten Dinge, die man in der Schule lernt, ist doch die Irrelevanz der eigenen Leidenschaften, Überzeugungen und Interessen gegenüber eines übergeordneten Notensystems. All das, was Voraussetzung für eine selbständige Wertschöpfung wäre, wird kaum gefördert. So erscheint es verständlich, dass wir in einer Gesellschaft leben, die morgens für Geld, Status und Noten aufsteht.

Mit der Orientierung am Vergleich geht gleichzeitig eine Verneinung des Einzelnen und seiner Bedürfnisse einher. Derjenige, der seine Person am besten ignorieren kann, wird in Schule und Gesellschaft am erfolgreichsten sein: Der Schüler, dem es gelingt, sechs Stunden gehorsam in der Schule zu sitzen, wird bessere Noten haben als derjenige, der sich fragt, wie es ihm dabei geht. Ähnlich ist es einige Jahre später im Berufsleben. Je mehr Überstunden, desto wertvoller ist man für das Unternehmen. Das Ignorieren der eigenen Bedürfnisse scheint wie eine Fähigkeit, die gesellschaftlichen Erfolg ermöglicht. Denn was jeder Psychiater als Verdrängung bezeichnet, ist für Unternehmer, Vorgesetzte und Lehrer Professionalität.

Eine meiner Lehrerinnen sagte neulich: „Bildung muss auch mal wehtun, wenn sie gut sein soll." In diesem Sinne hat sich eine Haltung entwickelt, die darin gipfelt, dass sich selbsternannte Opfer in ihrer Leidensbereitschaft überbieten: „Die 60-Stunden-Woche war zwar hart, aber da muss man nun mal durch!" Denn eigentlich ist die 60-Stunden-Woche das Statussymbol des potenten Karrieremenschen.

Um sich für ein solches Erfolgsverständnis zu rüsten sind viele versucht, sich selbst zu optimieren. Vom Fitnessstudio über Fortbildungen bis hin zum Brainjogging drehen wir an unserer Leistungsschraube. Doch dreht man zu stark, drehen wir durch. Psychische Erkrankungen sind mittlerweile der dritthäufigste Grund für Fehlzeiten am Arbeitsplatz – Tendenz steigend.[52] Kein Wunder, dass Burn-Out eines der populärsten Worte der vergangen Jahre ist. Die Verdrängung der eigenen Person zugunsten von Ansehen, Geld und Status scheint eine der prägendsten Merkmale heutiger Gesellschaft zu sein. Die Frage: „Was will ich eigentlich?" hat kaum eine Chance gegen die Frage „Wer muss ich sein, um … ?".

Die Konzentration auf fremde Bewertungsparameter wird durch eine wachsende Gegenwart äußerer Reize verstärkt, die kaum die Frage nach uns selbst zulassen. So ist ein beträchtlicher Teil unseres Umfelds ständig versucht, unsere Aufmerksamkeit zu wecken. Wir sind einem Kampf um unsere Aufmerksamkeit ausgesetzt, der mit grellen Plakaten, Rabattaktionen, ständiger Beschallung und sozialen Netzwerken geführt wird; und per Fernseher, Internet und Smartphone ist dieses Schlachtfeld mittlerweile bis in die Schlafzimmer gedrungen.

Das Werben um Aufmerksamkeit scheint letztlich eine Notwendigkeit der eindimensionalen Ökonomie des 21. Jahrhunderts zu sein. Im Sinne der Zahlenlogik des maximalen Gewinns hat sich die Wirtschaft schon lange verselbständigt und von der Befriedigung grundlegender Bedürfnisse abgekoppelt. Oder mit den passenden Worten Richard David Prechts gesagt: „Wir leben in einer Bedarfsweckungsgesellschaft statt in einer Bedarfdeckungsgesellschaft."[53]

Die wichtigste gesellschaftliche Aufgabe des Menschen ist nicht mehr, dass er produziert, sondern konsumiert. Eines der besten Beispiele ist wahrscheinlich die Medienbranche – eine Industrie, die davon lebt, unsere Zeit mit den buntesten Formen und Farben zu füllen. So werden Viele von uns vom Radio geweckt, durchforsten nachmittags das Internet und schlafen abends vor dem Fernseher ein. Das Smartphone muss dann nur noch die entstandenen Zeitlücken im Laufe des Tages auffüllen, sodass der Durchschnittsdeutsche auf einen täglichen Medienkonsum von nahezu zehn Stunden kommt."[54]

Noch eindrücklicher als der geistige Konsum ist wahrscheinlich nur noch unser materielles Konsumverhalten. Hier zeigt sich die Absurdität, dass wir schon lange nicht mehr so viel verbrauchen können, wie uns vorgesetzt wird. Der Soziologe Harald Welzer hat diesen Mechanismus mit dem treffenden Satz „Der Konsument konsumiert nicht" beschrieben.[55] Welzer beschreibt, wie Unmengen an Gütern weggeworfen werden, nur um wieder Platz für neue zu schaffen und das Bruttoinlandsprodukt jährlich mit neuen Rekorden zu beglücken. Kurz einige Beispiele: In Deutschland landen jährlich 777.000 Tonnen Elektroschrott auf dem Müll,[56] während wir gleichzeitig losziehen, um 1,8 Millionen Tonnen neue Geräte zu kaufen[57]. Ähnlich ist es bei Kleidung: Laut Greenpeace liegen in deutschen Haushalten etwa 1 Milliarde Kleidungsstücke, ohne regelmäßig getragen zu werden.[58]

Am eindrücklichsten ist dieser bemerkenswerte „Konsum" wahrscheinlich bei Lebensmitteln. Alleine in den privaten Haushalten werden in der Bundesrepublik jährlich 6,7 Millionen Tonnen Lebensmittel unverbraucht weggeworfen.[59] Gleichzeitig essen wir so viel, dass ein großer Teil der Bevölkerung daran erkrankt. Laut Robert Koch-Institut sind mehr als die Hälfte der Deutschen übergewichtig oder adipös.[60]

Hier drängt sich erneut der Vergleich mit dem Schulsystem auf: Ähnlich wie die Menschen von der Konsumgesellschaft gemästet werden, werden es auch wir Schüler in der Schule. Nur dass wir anstelle von Fernsehsendungen, Computerspielen und Essen Wissen vorgesetzt bekommen. Im gleichen Stil wie in Deutschland Millionen Tonnen Lebensmittel weggeworfen werden, „konsumieren" wir die Kurvendiskussion, Goethe und den zweiten Weltkrieg. Dabei bleibt das ganze Wissen nicht lange im Gehirn, da es nicht wirklich nahrhaft für den Einzelnen ist. Vielmehr werden wir unbeweglich und müde. Es sind die Symptome eines überfüllten Konsumenten, die wir Schüler mit einem großen Teil der Bevölkerung teilen.

Das bezeichnendste Merkmal des Konsumenten ist seine Passivität. Ob Apple oder Windows, Pepsi oder Cola, Bayern oder Dortmund, Bach oder Beethoven, BMW oder Mercedes, RTL oder Pro Sieben, Burger King oder MC Donald's ... Mit solchen Fragen lässt sich ein ganzes Leben füllen. Doch auch auf dem größten Markt der Möglichkeiten ist man letztlich nur Konsument. Derselben Passivität unterliegen wir im Klassenraum. Zur Tafel ausgerichtet, abwartend was da kommen mag, nehmen wir entgegen, was der Lehrer anbietet. Zwar können auch wir uns über schlechten Unterricht aufregen und über guten freuen, aber wir reagieren auf das, was der Lehrer tut.

So passiert genau das Gegenteil dessen, was erfolgreiches Lernen ausmacht. Anstatt selber zu gestalten, konsumieren wir fremdes Wissen. Jeder Moment, in dem Selbstständigkeit entstehen könnte, wird mit einer Aufgabe zugepflastert. Dabei ist zweckfreie Zeit und die Herausforderung, mit ihr umzugehen eine elementare Quelle der Bildung: Wie könnte man auch sonst entdecken, wo die eigenen Interessen, Stärken, Schwächen und Leidenschaften liegen? Doch durch beharrlicher Reizüberflutung wird ein Großteil eigener Gedanken verdrängt, bevor sie sich überhaupt entwickeln können. Anstatt uns selber zu bilden, werden wir gebildet von dem, was uns vorgesetzt wird. So werden schon in der Schule Menschen großgezogen, die sich später problemlos in eine Gesellschaft des Konsums eingliedern können.

In diesem Sinne scheint die Schule das Abbild einer Gesellschaft zu sein, die sich im Schulsystem reproduziert: einer Gesellschaft, die es gewohnt ist, ihre Werte aus dem Vergleich zu schöpfen; einer Gesellschaft, die diejenigen erfolgreich nennt, die sich selbst am besten verdrängen können; einer Gesellschaft, die soviel konsumiert, dass sie krank und müde wird.

Doch wie könnte man es besser machen? Welche Rahmenbedingungen muss man schaffen, um eine Bildung abseits kollektiver Zwänge und Wertvorstellungen zu ermöglichen? Wie muss eine Schule aussehen, die wir gerne besuchen würden?

Kapitel 12
Schule als Produkt ihrer Schüler

Eine Wandlung des Schulsystems zugunsten seiner Schüler ist letztlich kein Problem praktischer Umsetzung. Lerngerechte Schulen sind so schwer zu realisieren, weil sie eine neue Haltung gegenüber jungen Menschen benötigen. So gehen heute noch immer viele Bildungskonzepte davon aus, dass man es mit formbaren Erziehungsobjekten zu tun hätte: Objekte, die etwa die unerfüllten Wünsche der Eltern leben sollen, die sich nach den gesellschaftlichen Maßstäben von Erfolg zu richten haben, oder eben Objekte, die ein Lehrplan zum „mündigen Bildungsbürger" bildet.

Für eine attraktivere Schule müsste dieses Missverständnis endlich aufgelöst werden. Denn egal welchen Namen eine Schule trägt, welchem praktischen Ansatz oder welcher theoretischen Richtung sie folgt: Sie bräuchte eine Haltung gegenüber ihren Mitgliedern, die der arabische Dichter Khalil Gibran in seiner Erzählung über die Kinder wunderbar umschrieben hat:

„Eure Kinder sind nicht eure Kinder.
Sie sind die Söhne und Töchter der Sehnsucht des Lebens nach sich selber.
Sie kommen durch euch, aber nicht von euch,
Und obwohl sie mit euch sind, gehören sie euch doch nicht.
Ihr dürft ihnen eure Liebe geben, aber nicht eure Gedanken,
Denn sie haben ihre eigenen Gedanken.
Ihr dürft ihren Körpern ein Haus geben, aber nicht ihren Seelen,
Denn ihre Seelen wohnen im Haus von morgen, das ihr nicht
besuchen könnt, nicht einmal in euren Träumen."[61]

Was für eine grundlegend andere Einstellung gegenüber jungen Menschen! Eine Annahme, die davon ausgeht, dass Kinder eine „Sehnsucht des Lebens" in sich tragen, die die Grundlage für eine selbstbestimmte Entwicklung bereits mit sich bringt. Es handelt sich also nicht um „mein Kind", sondern um einen Menschen, den man vertrauensvoll begleitet, anstatt ihn zu besitzen.

In der Schule ist das Gegenteil der Fall. Anstelle von Vertrauen erfahren wir Kontrolle. Egal ob der Lehrer nachsieht, ob wir die Hausaufgaben gemacht haben oder die Eltern wissen wollen, wie die letzte Klausur war. Der ganze Bewertungsapparat lässt sich als das Endprodukt mangelnden Vertrauens verstehen.

Bildung kann nur gelingen, wenn Vertrauen anstelle von Kontrolle und Urteilen tritt. Hier endet jede Form der Verzweckung. Denn bedingungsloses Vertrauen ist keine Investition, mit der sich langfristig die Rendite steigern lässt. Es ist frei von konkreter Erwartung; so wird eine Haltung möglich, die von der Zuversicht getragen wird, dass ich als junger Mensch am besten herausfinden kann, was für mich wichtig, gut und richtig ist. Und es muss die Aufgabe der Erwachsenen sein, diese Zuversicht in jungen Menschen zu fördern und zu stärken. Jede Schule, die nicht den Mut und die Stärke hat, Räume für unbestimmte Entwicklung zu schaffen, müsste ihren Status als Bildungsinstitution überdenken.

Unglücklicherweise strahlt die gegenwärtige Unterrichtsdidaktik eine Arroganz aus, die davon ausgeht, dass man gar nicht mehr nach dem einzelnen Schüler fragen muss, wenn man nur die richtige Formel anwendet. Sie ähnelt gewissermaßen einem billigen Zaubertrick, der versucht, dem Schüler das nötige Wissen an seinem Bewusstsein vorbei in sein Gehirn zu teleportieren. Sätze wie: „In einigen Jahren wirst du der Schule schon noch dankbar sein für das, was sie dir beigebracht hat!" repräsentieren diese Einstellung.

Wir werden uns nie ernstgenommen fühlen können, wenn wir uns als Objekt einer solchen Didaktik erleben. Und genau darum geht es: Nehmt uns ernst! Fragt uns, wie wir am besten lernen können und versucht mit uns gemeinsam den richtigen Weg herauszufinden! Macht Umfragen und schenkt uns das Gefühl, dass es der Schule um ihre Schüler geht! Statt bevormundender Didaktik könnte eine gewisse Demut gegenüber den Schülern entstehen. Eine Schule, die eine glaubwürdige Bildungsinstitution sein möchte, müsste einen Schritt zurückgehen und verstehen wollen, wer wir sind und warum wir so sind. Es bräuchte ein ermutigendes Interesse an unserer Person und den Dingen, die uns wichtig erscheinen.

Sicherlich ist das eine große Herausforderung für die Erwachsenen. Denn jungen Menschen ist nicht immer dasselbe wichtig wie ihren Eltern oder Lehrern. Unterschiedliche Bewertungen des „Wichtigen" auszuhalten ist schwierig. Es braucht viel Mut, jemanden zu unterstützen, von dem man nicht weiß, in welche Richtung er sich entwickeln wird.

Gerade deshalb scheitern wahrscheinlich so viele an dieser Herausforderung. Besonders Menschen, die sich selbst als erwachsen beschreiben würden, neigen zu der Einstellung, man müsse junge Menschen in die „richtige" Richtung (er)ziehen. „Es muss ja schließlich mal etwas Vernünftiges aus dir werden!" Doch niemandem steht eine solche Aussage zu. Es ist nichts als ein gewaltsamer Übergriff, Jugendliche in diesem Sinne zu erziehen. So gibt es wahrscheinlich wenig Ungünstigeres als Eltern mit einem maßlosem Verantwortungsgefühl.

Es bräuchte endlich die Abgabe einer Kontrolle, die sowieso nicht existiert. Erwachsene sollten verstehen, dass man weder erziehen noch bilden kann. Es lassen sich nur die Voraussetzungen für Bildung beeinflussen. Wir erinnern uns: Man kann einem Baum lediglich die Möglichkeiten schaffen zu wachsen. In welche Richtung er seine Äste ausstreckt, lässt sich nicht bestimmen. Tut man es doch, wird der Baum zum Bonsai, der sich bloß nach den Händen formt, die ihn richten.

Doch was bedeutet das alles für den Schulalltag? Wie muss eine Schule konkret sein, in der wir als Schüler nicht mehr Objekte unserer Eltern oder der Gesellschaft sind, sondern eigenständige Menschen?

Eine Schule, die ein großes Bewusstsein für ihre Schüler prägt, ist die Evangelische Schule Berlin Zentrum. Unzufrieden über die monotone Lernmechanik der gymnasialen Oberstufe haben sich Schüler, Lehrer, Eltern und Bildungsexperten zusammengetan, um einen lerngerechteren Ort zu gestalten. So wurde im Februar 2013 die „Neue Oberstufe" gegründet – ein Projekt, das seit 2015 schrittweise in den Alltag der Oberstufe eingeführt wird. Statt Unterricht soll der Schulalltag hier aus Konzepten wie Pulsaren, Lernexpeditionen, Vertiefungswochen oder Reflexionstagen bestehen.

Bevor wir genauer betrachten, was sich hinter diesen Begriffen verbirgt, ist es zunächst beachtlich, welches Bewusstsein sich die „Neue Oberstufe" erarbeitet hat. So stellt sie sich zunächst grundlegenden Fragen des Miteinanders: Wie gehe ich mit den Menschen um, denen ich täglich begegne? Mache ich sie zum Objekt meiner Bewertung oder schaffe ich Raum, um ihnen verstehend gegenübertreten zu können? Habe ich Pläne für mein Gegenüber oder gestehe ich ihm einen eigenen Entwicklungsraum zu? Diese Fragen hat sich die „Neue Oberstufe" gestellt und zum Leitfaden ihres Handelns gemacht. So betont Barbara Stockmeier, eine der Verantwortlichen, dass die Grundlage jedes Lern- und Entwicklungsprozesses die Qualität der Beziehungskultur sei. Dabei sei Beziehungslernen grundlegend „Ausdruck von Achtsamkeit und Wertschätzung".

Auch wenn solche Aussagen vielleicht auf die Kalender des durchschnittlichen Lehrerzimmers gedruckt sind, besitzen sie vor dem Hintergrund des bestehenden Schulsystems eine gewaltige Sprengkraft – zumindest wenn man sie in die Realität umsetzt.

Das zentrale Merkmal bewusster Beziehungskultur ist die Wahrnehmung des Schülers als Individuum. Die Schüler stehen im Mittelpunkt der Schule, während die Lehrenden als Helfer, Impulsgeber, Kritiker, Begleiter und Koordinatoren fungieren. Ein ähnliches Konzept hat etwa auch der katalanische Fußballlehrer Pep Guardiola. Bei seinem Amtsantritt in München antwortete er auf die Frage, welches taktische System er spielen werde: „Ich muss mich zu 100 Prozent an unsere Spieler anpassen. Der Fußball gehorcht den Spielern, nicht dem Trainer."[62] Vom Fußballplatz auf den Klassenraum übertragen: Es ist Aufgabe der Lehrer, den Lernwillen der Schüler zu erkennen, aufzugreifen und bestmöglich zu fördern. Statt eines Lehrplans bräuchte es Lernangebote, in denen sich jeder Einzelne wiederfinden kann.

In der „Neuen Oberstufe" werden diese Angebote Pulsare genannt – Lernangebote, die von interdisziplinären Fragestellungen ausgehen. In Bildungsverzeichnissen zusammengefasst findet jeder Schüler verschiedenste Themenkomplexe, aus denen er wählen kann. Hier einige Beispiele aus dem Portfolio der „Neuen Oberstufe":

- Synästhesie: „Ich sehe was, was du nicht siehst" (Kunst, Psychologie, Biologie)
- Quantenteleportation: „Beam me up Scotty" (Mathematik, Physik)
- Befreiungstheologie: „Ideen für eine bessere Welt" (Religion, Spanisch, Politik)
- Freiheit und Widerstand im Existenzialismus: „Wenn Fliegen hinter Fliegen fliegen" (Deutsch, Geschichte, Darstellendes Spiel)
- Filmanalyse: „Mr. Hitchcock, wie haben Sie das gemacht?" (Englisch, Kunst)
- Konfliktherd Syrien: „Der Islamische Staat" (Geschichte, Politik, Musik)
- Lebensmittelmarkt: „Ökologische vs. traditionelle Landwirtschaft" (Geographie, Biologie)

Der Unterschied zu einem Stundenplan, bei dem einzelne Fächer zusammenhanglos abgearbeitet werden, fällt direkt auf. Doch die bedeutendste Veränderung wird möglich durch eine intensive Beschäftigung mit einem Themenkomplex vor dem Hintergrund intrinsischen Interesses. So können Schülergruppen entstehen, welche die Leidenschaft für eine ganz bestimmte Thematik verbindet. Diese Gemeinsamkeit hat das Potential für Projekte, die größer als die Summe ihrer Mitglieder sind. Der Begriff Gruppenarbeit bekommt eine ganz neue Bedeutung. Hier werden soziale Kompetenzen auf Grundlage eines gemeinsamen Lernziels geschult; hier lassen sich die Vorteile gemeinsamer Arbeit und erfolgreicher Konfliktbewältigung erfahren.

Bei einem unbefriedigenden Pulsarangebot können die Schüler auch eigene Projekte anregen und entwickeln. Somit ist es möglich, dass jedem Pulsar eine persönliche Frage zugrunde liegt, die auch beantwortet werden will. Mir fallen zum Beispiel folgende Fragen ein:

- Wie funktioniert mein Smartphone und wie beeinflusst es unser Zusammenleben?
- Was sind Zahlen und wozu sind sie nützlich?
- Wie wird ein Fußballspiel in der Bundesliga organisiert?
- Was bedeutet Terror, wie ist er entstanden und welche Auswirkungen hat er auf unser Leben?
- Warum tragen plötzlich alle „Airmax" und einen „Undercut?"
- Was ist Religion und wozu könnte sie gut sein?
- Wie fliegen Flugzeuge?
- Was ist ein Computer und wie kann man ihn programmieren?
- Was sind Buchstaben und was kann man mit ihnen machen?
- Wieso können Pflanzen wachsen und warum tun sie das?
- Was sind Märchen und warum wurden sie uns früher erzählt?
- Was ist die Aufgabe der Tagesschau und was bedeutet sie für unseren Alltag?
- Warum bin ich manchmal so faul obwohl ich eigentlich etwas tun möchte?
- Warum haben wir eigentlich alle unterschiedliche Haarfarben?
- Wie kann eine Schule lerngerecht organisiert werden?

Um den Pulsaren eine Struktur zu geben, werden sie von einem fachkompetenten Lehrerteam begleitet, das die Organisation des Lernens unterstützt. In enger Abstimmung bereiten die Lehrer Input vor, geben Anregungen und begleiten die Schüler bei der Auseinandersetzung mit ihrem Thema.

Dabei ist ein Projekt nicht zwingend auf die Zusammenarbeit

mit den Lehrern beschränkt. Auch außerschulische Lernorte wie Universitäten, Gemeinwesen, gemeinnützige Organisationen oder Unternehmen werden in die Pulsare integriert und bieten somit verschiedene Lernmöglichkeiten und Erfahrungsräume.

Die Lernorte spiegeln dabei die Vielfalt möglicher Perspektiven auf einen Gegenstandsbereich wider: So ist die Fragestellung „Wie funktioniert mein Smartphone und wie beeinflusst es unser Zusammenleben?" nicht nur eine physikalische, sondern gleichzeitig auch eine wirtschaftliche, ethische, soziologische und geologische: Hat man verstanden, wie es sein kann, dass sich zwei Stimmen hören können, die hunderte Kilometer voneinander entfernt sind, kann man untersuchen, wo es die Rohstoffe gibt, die man für die Herstellung eines solchen Apparates benötigt. Die notwendigen Edelmetalle abzubauen ist sowohl eine geologische als auch eine wirtschaftliche Frage. Unter welchen Bedingungen sie abgebaut werden ist eine ethische, und wie man gegen unfaire Arbeitsbedingungen vorgehen könnte eine politische Fragestellung. Welche Auswirkungen das Smartphone auf unser Zusammenleben hat, hat wiederum eine soziologische Dimension.

Ein ähnliches Spektrum hat etwa auch die Frage, warum uns unser Aussehen so wichtig ist. Zu Evolutionsbiologie oder Genetik hätten wir einen ganz neuen Zugang. Gleichzeitig kann man auch Kulturwissenschaften betreiben, indem man Schönheitsideale in unterschiedlichen Ländern vergleicht. Zudem kann man sich fragen, was Schönheit für jeden Einzelnen bedeutet und warum viele Schüler sich selbst nicht schön genug finden. Die Novelle „Kleider machen Leute" würde eine ganz neue Bedeutung bekommen als im klassischen Deutschunterricht.

Letztlich ist es egal, welches Thema man wählt. Alles lässt sich inhaltlich auffächern, sodass lebendige Sinnzusammenhänge entstehen können. Daher ist es die wichtige Aufgabe des Projektbegleiters, die Vielfalt eines Themas aufzuzeigen und somit zu einer interdisziplinären Verzahnung des Denkens zu ermutigen.

Im Vergleich zum klassischen Lehrplan verändern sich die Lerninhalte nur wenig: so wird sich jeder, der verstehen will, welchen Einfluss Gene auf unser Aussehen haben, mit dem Aufbau der DNA und ihrer Expression innerhalb der Proteinbiosynthese auseinandersetzen. Und für wen die Frage wichtig ist, warum Rohstoffe unter schlechten Arbeitsbedingungen abgebaut werden, wird sich mit den grundlegenden Prinzipien der Mikro- und Makroökonomie beschäftigen – alles Inhalte, die sich in jedem Lehrplan wiederfinden. Allerdings bekommen sie eine ganz andere Relevanz, wenn ich sie als Schüler vor dem Hintergrund eigener Fragen selber entdecken darf. Die grundlegende Veränderung liegt also in einem lebendigen Zugang zu den Bildungsinhalten. Der Zweck des Lernens entsteht im Schüler selbst und wird von ihm nach außen getragen. An Stelle des flächendeckenden Diktats der Lehrpläne rückt die individuelle Organisation von Interessen.

Neben Pulsaren sind einwöchige Lernexpeditionen eine tragende Säule der „Neuen Oberstufe". Durch sie entsteht die herausfordernde Möglichkeit, das eigene Lernen auch außerhalb des Klassenraums zu gestalten. So haben sich etwa Schüler gefragt, ob „Recht gerecht ist?", indem sie einem Richter bei seiner Arbeit über die Schulter geschaut haben. Andere haben eine Prototypen-App für Städtetourismus entworfen. Eine weitere Gruppe hat sich eine Woche in den Hörsaal begeben um herauszufinden, ob akademische Psychologie auch wirklich das

Fach ist, das sie später studieren wollen. Wir sehen schon: Die Möglichkeiten sind hier so vielfältig wie die Interessen.

Um mit der herausfordernden Freiheit, die in den Lernexpeditionen steckt, umzugehen, werden sie im engen Austausch mit den Lehrern vorbereitet. Hier wird besprochen, was die Lernziele sind, wie diese praktisch umgesetzt werden sollen und welche Probleme entstehen könnten. Die Schüler müssen sich ihre Lernziele bewusst machen und sich Wege überlegen, wie diese erreicht werden sollen. Die Zielsetzung und deren stetige Überprüfung wird von den Schülern gestaltet und vom Lehrer gefördert.

Der Vorteil von Lernformaten wie Lernexpeditionen oder Pulsaren ist, dass sie verschiedene Fragen auf mehreren Ebenen beantworten: Zum einen stellt sich die Frage wie etwas funktioniert und welchen Kausalitäten es gehorcht. Hier werden vor allem Natur- und Geisteswissenschaften interessant; also all die Methoden, aus denen sich nachvollziehbare Erkenntnisse gewinnen lassen und das Grundgerüst des Gegenstandsbereichs verstehbar wird. Gleichzeitig kommt auch die Frage nach der Bedeutung der gewonnen Erkenntnis auf. Hier entsteht eine Verknüpfung zwischen den Kausalketten, aktuellen Geschehnissen und der Lebensrealität des Einzelnen. „Was bedeutet das für uns und was für Auswirkungen hat es?" Neben politischen und ethischen Fragestellungen kann auch gesellschaftliche Verantwortung in den Vordergrund rücken. Zudem stellt sich die Frage, mit welchen Mitteln sich darstellen lässt, was man erarbeitet hat. Dabei wird die geschriebene und gesprochene Sprache der Zahlen und Begriffe wichtig. Um sich diese Mittel zunutze zu machen, gibt es in der „Neuen Oberstufe" Lern- und Arbeitskompetenztrainings: Hier lernt man die Gestaltung verschiedener Textformen, den Umgang mit Diagrammen und Statistiken, und wie man den Quellen heutiger Informationsflut angemessen begegnen kann. Als weiteres Darstellungsmittel des Lernens bieten sich natürlich auch Kunst und Kultur an: Bilder, Videos, Musik, Tanz, Schauspiel oder Gedichte können einen Sachverhalt darstellen und ihm gleichzeitig eine neue Dimension schenken. Statt etwas, das man vorgesetzt bekommt, wird Kunst wieder das, was sie eigentlich ist: Ein Medium für eine Aussage, ein Gefühl oder eine Erkenntnis. Kafka, Shakespeare und Goethe werden dann lebendig und schweben nicht mehr sinnfrei im Klassenraum und schläfern seine Insassen ein.

Es eröffnet sich also die gesamte Bandbreite der Kultur, um die eigenen Lernergebnisse anschaulich zu dokumentieren. Egal ob man einen Essay schreibt, einen Film dreht, eine Umfrage statistisch aufarbeitet oder ein Programm auf dem Computer schreibt.

Auf der „Oberstufenversammlung" werden anschießend die Ergebnisse präsentiert. Hier kann man voneinander lernen und sich für die kommenden Projekte inspirieren lassen. Man erfährt etwas über die Lernorte, Kooperationspartner und Dokumentationsstrategien der anderen Projekte, was wiederum bereichernd und motivierend für das eigene Lernen sein kann.

Ist ein Projekt dokumentiert und vorgestellt, folgt die Reflexion. Gemeinsam mit dem Lehrer wird besprochen, inwieweit die aufgestellten Lernziele erreicht wurden. Erfolgreich ist dann nicht mehr der Schüler mit guten Noten, sondern derjenige, der ein selbst formuliertes Ziel erreicht hat. Statt kurzfristiger Freude über eine asoziale Ziffer kann Selbstvertrauen und Stolz auf die Beantwortung einer wichtigen Frage entstehen.

Der bedeutendste Unterschied zwischen klassischem Unterricht und Lernkonzepten wie Pulsaren oder Lernexpeditionen liegt darin, dass der Schüler vom Bildungskonsumenten zum Bildungsproduzenten wird. Da dies sehr viel anspruchsvoller und herausfordernder ist als lediglich zu reagieren, braucht es eine intensive Unterstützung und Begleitung. In der „Neuen Oberstufe" gibt es daher Workshops, Coaching Sessions und Reflexionstage.

In diesen Rahmen ist es die Aufgabe des Lehrers, die Schüler nach sich selbst zu fragen: Wo sind deine Interessen? Was willst du lernen? Was willst du können? Was ist dir dabei wichtig? Wofür bringst du Leidensbereitschaft mit? Wo siehst du deine Grenzen? In welche Richtung möchtest du dich entwickeln? So betont Barbara Stockmeier, dass Lehrer bei der Begleitung von Schülern vor allem gute Fragen stellen müssen. Der Lehrer wird vom Antwortenden zum Fragenden und der Schüler vom Fragenden zum Antwortenden.

Uns darin zu unterstützen, Antworten auf die eigene Zukunft zu finden, ist eine große Herausforderung und gleichzeitig das bedeutendste Ziel erfolgreicher Schule. Statt zu belehren, muss der Lehrer uns Schülern ein aufrichtiges Interesse entgegenbringen, das von einem Vertrauen in die Entwicklung jedes Einzelnen getragen wird. Der Lehrer müsste vermitteln: „Deine Entwicklung ist mir wichtig! Und deshalb begleite ich dich dabei herauszufinden, was für dich das Beste ist." Der Lehrer wird zum Begleiter – jemand der uns inspiriert, Verantwortung für unser eigenes Lernen zu übernehmen. Hier kommt der Schule wieder die Funktion zu, wie sie der Begriff „Schule" auch ursprünglich meint. Das Wort stammt aus dem Griechischen („schole"), und bedeutet so viel wie „Muße" oder „freie Zeit" – eine (zweck)freie Zeit, in der man mit sich konfrontiert wird und ein Gespür für das entwickeln kann, was wichtig ist.

Zu solcher Schulpraxis gehört auch unbedingt der Misserfolg. Das Scheitern an Langeweile, Motivationslücken, Unlust oder fehlender Selbstdisziplin. Doch diese Form des Scheiterns hat eine andere Qualität als im bestehenden Schulalltag. Es konfrontiert uns mit der eigenen Lernverantwortung und gestattet kein Ausweichen in die Rebellion gegen die bestehenden Strukturen.

Es wird eine selbstbewusste Entwicklung möglich, bei der sich die Persönlichkeit schärft: Wie organisiere ich mein Lernen, sodass ich meine Ziele erreichen kann? Wie verhalte ich mich gegenüber fremden Menschen, die mich potentiell bei meinen Zielen unterstützen könnten? Wie gehe ich mit der Freiheit um? Wie verhalte ich mich in einer ungewohnten Umgebung? Wie kann ich es schaffen, andere Menschen für meine Pläne zu begeistern? Wie stelle ich mein Lernen nach außen dar? Dies alles sind Fragen, deren stetige Beantwortung die Persönlichkeit herausfordern.

Innovative Schulmodelle wie das der „Neuen Oberstufe" in Berlin sind zweifellos tolle Beispiele für eine lerngerechte Schule. Allerdings sind diese Ideen nicht als Vorlagen, sondern vielmehr als Inspiration für die Gestaltung der „eigenen" Schule zu verstehen. Denn ebenso wie die Schüler unterschiedlich sind, sind es auch die Schulen. Daher gibt es keine Pauschallösungen für gelungenes und organisiertes Lernen. So ist das wahrhaft Inspirierende der Evangelischen Schule Berlin Zentrum nicht unbedingt ihr konkreter Alltag, sondern dass sie sich als Bildungsinstitution selbst ernst nimmt und ein ausgeprägtes Bewusstsein für ihre eigenen Mitglieder entwickelt hat.

Ähnlich sollten wir uns alle ein weißes Blatt Papier zugestehen, auf dem wir die Schule skizzieren, in der wir am besten lernen und lehren können. Denn unabhängig davon, welches pädagogische Ideal oder Label sich eine Schule gibt: Sie muss sich mit jedem neuen Mitglied neu erfinden, wenn sie Schüler und Lehrer ernst nehmen möchte. Schule ist ständig im Wandel, der bestenfalls aus einem Dialog zwischen den Beteiligten hervorgeht. Die Schulen, denen dies gelingt, werden immer die besten sein, da sich die Beteiligten als wahrgenommen erleben.

Es ist an der Zeit, dass sich Schüler, Lehrer, Eltern und Bildungspolitiker innovative Lernorte ansehen und gemeinsam mit ihnen lernen. Passiert das nicht, wird die Ungerechtigkeit in den Schulen weiter zunehmen. Denn Chancengerechtigkeit bedeutet nicht nur, materielle und finanzielle Startvoraussetzungen anzugleichen, sondern vielmehr jedem Kind Vertrauen in seine Entwicklung zu ermöglichen. Das ist weder durch irgendeine Form der Didaktik noch durch die digitale Aufrüstung der Schulgebäude zu erreichen.

Vertrauen in die Lernenden ist die einzige Möglichkeit, menschliche und selbstbestimmte Bildung zu organisieren. Fragt uns, wie wir lernen wollen! Und wenn uns die Antwort schwerfällt, unterstützt uns dabei sie zu finden! Denn wenn ihr uns nicht ernst nehmt und uns mit euren Plänen übergeht, werden wir euch auch nicht ernst nehmen. Schule kann bestenfalls dazu ermutigen, Zufriedenheit aus den eigenen Fähigkeiten zu schöpfen und die eigene Leidenschaft in Projekte gemeinschaftlicher Lebensgestaltung zu kanalisieren. Den Rest müssen wir selbst machen dürfen.

Kapitel 13
Darum das Ganze!

Letztlich sollten wir uns ehrlich fragen, ob wir überhaupt eine Schule wollen, die ihre Schüler in den Mittelpunkt rückt.

Denn es lässt sich direkt vorwegnehmen: Mit einem bildungsgerechten Schulsystem lässt sich weder das Bruttoinlandsprodukt optimieren noch die Rendite steigern. Denn wer aus seiner Bildung Begeisterung für sein Leben schöpfen kann, wird seinen Sinn nicht mehr vor dem Bildschirm, im Einkaufscenter oder auf seinem Zeugnis oder Kontoauszug suchen. Wer würde noch 60 Stunden im Büro hocken, um dabei mitzuwirken, Stress zur neuen Volkskrankheit zu machen?

Bildung sollte nicht mehr die ständige Reproduktion des Bestehenden bedeuten. Vielmehr müsste die bestimmende Generation eine Arroganz gegenüber jungen Menschen ablegen, die ihr nicht zusteht – insbesondere nicht bei einem Blick in die Tagesschau: Ihr Erwachsenen vermittelt uns ständig das Gefühl, als ob es auf alle Fragen bereits Antworten gäbe und wir sie nur noch von euch lernen müssten. Die Realität ist, dass unzählige Fragen unbeantwortet sind: Wie geht eine Bevölkerung mit acht Milliarden Mitgliedern mit dem Klimawandel um? Was passiert mit Kriegs- und Klimaflüchtlingen? Wie gestalten wir die Globalisierung? Ist technischer Fortschritt auch menschlicher Fortschritt? Wie minimieren wir die globale Ungerechtigkeit und ihre Symptome?

Statt junge Menschen weiter als Masse anzusehen, die das Bestehende wiedergeben soll, müsste erkennbar werden, dass die Schule einer der hervorragendsten Lösungswege für die Vielzahl heutiger Probleme sein kann. Gelungene Bildung ist dazu fähig, die Fesseln bestehender Normen und Konventionen zu durchtrennen und die eigene Existenz in Bezug zu ihrer Umwelt zu setzen. Statt des lähmenden Konsums fremder Stundenpläne, Leistungsvorstellungen und Lebenskonzepte könnte Unabhängigkeit gegenüber jenen Strukturen entstehen, an denen die Erschaffer des Bestehenden selber kranken. Eine Schule, die das individuelle Bewusstsein ihrer Mitglieder stärkt, scheint geradezu notwenig. Die Gesellschaft verlangt nach Sensibilität für ihre Mitmenschen und die Probleme, die sie sich selber geschaffen hat. Bewusstsein zu ändern, ist das hoffnungsvolle Potential eines Bildungssystems des 21. Jahrhunderts.

Doch vor allem ist die Gesellschaft nicht nur sich selbst ein lerngerechteres Bildungssystem schuldig, sondern denjenigen, die täglich Teil von ihm sind; nämlich Hannes, Jacqueline, Svea, Robert, Isabel, Lena, Hakan und all denen, die heute Bildung als das Warten auf die Pausenklingel erfahren haben!

Dank

Ich möchte allen danken, die mich bei der Umsetzung dieses Projekts unterstützt und begleitet haben!

Besonders hervorheben möchte ich Vera, die das Manuskript geduldig lektoriert hat. Xenia möchte ich für die tolle Umsetzung der Abbildungen danken! Emma Poser und Barbara Stockmeier von der Evangelischen Schule Berlin Zentrum haben sich Zeit für meine Fragen genommen und mir gezeigt, wie Schule ein besserer Lernort sein kann. Zudem möchte ich den begleitenden Gedanken der Freunde danken, die mich ermutigt, kritisiert und herausgefordert haben.

Zu guter Letzt seien hier Gertrud und meine Familie genannt. Ohne eure geduldige Unterstützung wäre dieses Projekt nicht möglich gewesen.

Anmerkungen

1 FEND, HELMUT: Theorie der Schule, München 1981, S. 19-49.

2 Ebd., S. 55-56.

3 STANGL, WERNER: „Lernen", Lexikon für Psychologie und Pädagogik, http://lexikon.stangl.eu/551/lernen/, Stand: 06.11.2015.

4 BERLYNE, DANIEL: Konflikt, Erregung, Neugier. Zur Psychologie der kognitiven Motivation, Stuttgart 1974, S. 38-68.

5 BIRKENBIHL, VERA: „Wissens-Netz, Wissens-ABC und KAWA", Gehirn & Geist, 01.2002.

6 ARONSON, ELLIOT: Sozialpsychologie, Pearson Studium 2006, S. 15-16.

7 SPITZER, MANFRED: Lernen. Gehirnforschung und die Schule des Lebens, Heidelberg 2006, S. 158-160.

8 GRUBER, MATTHIAS / Gelman, Bernard / Ranganath, Charan: States of Curiosity Modulate Hippocampus-Dependent Learning via the Dopaminergic Circuit, Neuron, 10.2014.

9 DAMASIO, ANTONIO: Descartes' Irrtum, Berlin 2012.

10 ENGELEN, EVA-MARIA: Gefühle, Stuttgart 2007, S.38.

11 SCHWEITZER, ALBERT: Das Buch der Albert Schweitzer Zitate, München 2013, S. 74.

12 DAMASIO, ANTONIO: Descartes' Irrtum, Berlin 2012, S. 5-6.

13 KANDINSKY, WASSILY: Über das geistige in der Kunst, Bern 1973, S.60, S.64.

14 FEYNMAN, RICHARD PHILLIPS: Space-Time Approach to Quantum Electrodynamics, Physical Review, 09.1949.

15 ROTH, GERHARD: Aus Sicht des Gehirns, Frankfurt a.M. 2003 S.21.

[16] HÜTHER, GERALD: Was wir sind und was wir sein könnten, Frankfurt a. M. 2011, S.92.
[17] FROMM, ERICH: Haben oder Sein, München 2012, S.45.
[18] MERKEL, ANGELA: Rede von Bundeskanzlerin Dr. Angela Merkel beim Empfang der Mitglieder des Wissenschaftsrats am 29. Januar 2009 in Berlin, Bulletin der Bundesregierung, http://www.bundesregierung.de/Content/DE/Bulletin/2009/01/14-2-bk-wissen.html, Stand: 07.06.2014.
[19] NIEBEL, THOMAS: Der Dienstleistungssektor in Deutschland - Abgrenzung und empirische Evidenz, ZEW Dokumentation Nr. 10-01, Mannheim 2010.
[20] Statistisches Bundesamt (Hrsg.): Statistisches Jahrbuch 2016, Wiesbaden 2016, S.91.
[21] MERKEL, ANGELA: Rede von Bundeskanzlerin Dr. Angela Merkel beim Empfang der Mitglieder des Wissenschaftsrats am 29. Januar 2009 in Berlin, Bulletin der Bundesregierung, http://www.bundesregierung.de/Content/DE/Bulletin/2009/01/14-2-bk-wissen.html, Stand: 07.06.2014.
[22] SCHROEDER, KLAUS / Deutz-Schroeder, Monika / Quasten, Rita / Heuling, Dagmar: Später Sieg der Diktaturen? Zeitgeschichtliche Kenntnisse und Urteile von Jugendlichen, Frankfurt a.M. 2012, S.305.
[23] Ebd., S.316.
[24] Bayerisches Gesetz über das Erziehungs- und Unterrichtswesen (BayEUG): In der Fassung der Bekanntmachung vom 31.05.2000, Art. 2 Abs.1 BayEUG.
[25] Schulgesetz Rheinland-Pfalz: In der Fassung der Bekanntmachung vom 30.03.2004, §1 Abs. 2 SchulG RP.

[26] Schulgesetz Sachsen-Anhalt: In der Fassung der Bekanntmachung vom 22.02.2013, §1 Abs. 2 Satz 3 SchulG LSA.

[27] Schulgesetz Schleswig-Holstein: In der Fassung der Bekanntmachung vom 24.01.2007, §4 Abs.3 SchulG SH.

[28] Schulgesetz Nordrhein-Westfalen: In der Fassung der Bekanntmachung vom 15.02.2005, §2 Abs. 8 SchulG NRW.

[29] FROMM, ERICH: Die Furcht vor der Freiheit, München 2012, S.81-82.

[30] MANN, THOMAS: Autobiographisches, Frankfurt a.M 1960, S.217.

[31] FACT (Family Access Tool) / Scoyo (Hrsg.): Lernen mit Spaß, http://www-de.scoyo.com/studie_lernenmitspass/faktenblatt_fact.html, Stand: 14.01.2014.

[32] OECD: PISA 2015 Ergebnisse im Fokus, http://www.oecd.org/berlin/themen/PISA-2012-Zusammenfassung.pdf, Stand: 02.03.2016.

[33] Chinadaily: China´s children too busy for playtime, http://www.chinadaily.com.cn/china/2007-05/13/content_871182.htm, Stand: 02.03.2016.

[34] Leuphana Universität Lüneburg / DAK (Hrsg.): Depressive Stimmungen bei Schülerinnen und Schülern. Personale und schulische Risikofaktoren und Ansatzpunkte zur Prävention und Intervention, http://www.dak.de/dak/download/Studie_Depressionen_Schueler-1318856.pdf, Stand: 12.08.2014.

[35] Süddeutsche Zeitung: 500.000 Mobbing-Opfer an Deutschlands Schulen, http://www.sueddeutsche.de/karriere/studie-mobbingopfer-an-deutschlands-schulen-1.547615, Stand: 12.08.2014.

[36] VITZTUHM, THOMAS / Lauer, Céline: Die gefährliche Entwertung des deutschen Abiturs, http://www.welt.de/politik/deutschland/article129189233/Die-gefaehrliche-Entwertung-des-deutschen-Abiturs.html, Stand: 07.08.2014.

[37] HAAS, DANIEL: Ist unser Abi so niedlich?, erschienen in DIE ZEIT Nr. 18/2014.

[38] Kultusministerkonferenz: Gesamtstrategie der Kultusministerkonferenz zum Bildungsmonotoring, https://www.kmk.org/fileadmin/Dateien/veroeffentlichungen_beschluesse/2015/2015_06_11-Gesamtstrategie-Bildungsmonitoring.pdf, Stand: 23.07.2014.

[39] REICH, KERSTEN: Methodenpool. Gruppen-Experten-Rallye, http://methodenpool.uni-koeln.de/download/gruppen-experten-rallye.pdf, Stand: 10.09.2013.

[40] Bertelsmann Stiftung (Hrsg.): Nachhilfeunterricht in Deutschland. Ausmaß - Wirkung - Kosten, https://www.bertelsmann-stiftung.de/fileadmin/files/BSt/Publikationen/GrauePublikationen/Nachhilfeunterricht_in_Deutschland_160127.pdf, Stand: 07.12.2015.

[41] Ebd., Stand: 07.12.2015.

[42] Robert Koch-Institut (Hrsg.) / Bundeszentrale für gesundheitliche Aufklärung (Hrsg.): Erkennen - Bewerten- Handeln: Zur Gesundheit von Kindern und Jugendlichen in Deutschland, Berlin 2008, S.48.

[43] HOFFMANN, CHRISTIANE / Schmelcher, Antje: Wo die wilden Kerle wohnten, http://www.faz.net/aktuell/politik/inland/ritalin-gegen-adhs-wo-die-wilden-kerle-wohnten-11645933.html, Stand: 17.03.2015.

[44] Robert Koch-Institut (Hrsg.) / Bundeszentrale für gesundheitliche Aufklärung (Hrsg.): Erkennen - Bewerten- Handeln: Zur Gesundheit von Kindern und Jugendlichen in Deutschland, Berlin 2008, S.48.

[45] U.S. Drug Enforcement Administration: Drug Fact Sheets. Methylphenidate (Ritalin), https://www.dea.gov/druginfo/concern_meth.shtml, Stand: 15.03.2015.

[46] Frankfurter Allgemein Zeitung: Wie es Deutschlands Lehrern geht, http://www.faz.net/aktuell/wirtschaft/faule-saecke-oder-burnout-

wie-es-deutschlands-lehrern-geht-13461124.html, Stand: 07.08.2015.

[47] Vereinigung der Bayerischen Wirtschaft e.V. (Hrsg.): Psychische Belastungen und Burnout beim deutschen Bildungspersonal. Empfehlungen zur Kompetenz- und Organisationsentwicklung, Münster 2014, S.56-59.

[48] Statistisches Bundesamt (Hrsg.): Volkswirtschaftliche Gesamtrechnungen. Inlandsproduktberichte Detaillierte Jahresergebnisse, Fachserie 18, Reihe 1.4, 2016, S. 72. Zusätzlicher Vergleich mit Anmerkung 50 bzgl. der psychischen Belastung.

[49] BOLTANSKI, LUC / Chiapello, Ève: Der neue Geist des Kapitalismus, Konstanz 2003, S.476.

[50] Dettling, Daniel (Hrsg.) / Prechtl, Christof (Hrsg.): Weißbuch Bildung. Für ein dynamisches Deutschland, Wiesbaden 2004, S. 29.

[51] Weltbank (Hrsg.): Development in Practice. Priorities and Strategies for Education. A World Bank Review, Washington D.C. 1995, S.94.

[52] Knieps, Franz (Hrsg.) / Pfaff, Holger (Hrsg.): BKK Gesundheitsreport 2014. Gesundheit in Regionen, Berlin 2014, S. 40-46.

[53] PRECHT, RICHARD DAVID: Die Kunst, kein Egoist zu sein, München 2012, S.346.

[54] Media Perspektiven (Hrsg.): 50 Jahre „Massenkommunikation": Trends in der Nutzung und Bewertung von Medien, Heft 11/2015, S.506.

[55] WELZER, HARALD: Selbst denken. Eine Anleitung zum Widerstand, Frankfurt a.M. 2013, S.80-82.

[56] Die Zeit: Deutsche werfen am meisten Elektroschrott weg, http://www.zeit.de/wirtschaft/2014-04/elektroschrott-deutschland-produziert-so-viel-wie-kein-anderes-eu-land, Stand: 19.08.2015.

[57] LAMPARTER, DIETMAR H. / Fritz Vorholz: Geplanter Verschleiß. Heute gekauft, morgen aussortiert, http://www.handelsblatt.com/unternehmen/handel-konsumgueter/geplanter-verschleiss-heute-gekauft-morgen-aussortiert/8220926.html, Stand: 19.08.2015.

[58] Greenpeace e.V. (Hrsg.) / Nuggets - Market, Research & Consulting GmbH (Hrsg.): Usage & Attitude Mode / Fast Fashion. Ergebnisbericht 06.10.2015 ,https://www.greenpeace.de/sites/www.greenpeace.de/files/publications/20151123_greenpeace_detox_ergebnisbericht_fast_fashion.pdf, Stand: 12.12.2015.

[59] Universität Stuttgart. Institut für Siedlungswasserbau, Wassergüte- und Abfallwirtschaft (Hrsg.): Ermittlungen der weggeworfenen Lebensmittelmengen und Vorschläge zur Verminderung der Wegwerfrate bei Lebensmitteln in Deutschland, Stuttgart 2012, S.120-121.

[60] Robert-Koch-Institut (Hrsg.): Übergewicht und Adipositas. Faktenblatt zu GEDA 2012: Ergebnisse der Studie „Gesundheit in Deutschland aktuell 2012", Berlin 2014, S.3.

[61] GIBRAN, KHALIL: Der Prophet, Ostfildern 2013, S.20-21.

[62] Kicker Online: FC Bayern: Heynckes Nachfolger in München vorgestellt. „Guten Tag und Grüß Gott", http://www.kicker.de/news/fussball/bundesliga/startseite/588342/artikel_live-vorhang-auf-fuer-pep-guardiola.html, Stand: 13.08.2015.